**口絵 1** 【海印寺】 紅霞門《こうかもん》（一柱門）前で僧侶が説明している。テンプルステイ参加者 40 人のうち外国人が 15 人を占めた

【通度寺】 金剛戒壇《こんごうかいだん》の中心にある仏舎利塔《ぶっしゃりとう》が大雄殿の「本尊《ほんぞん》」とされる　口絵 2

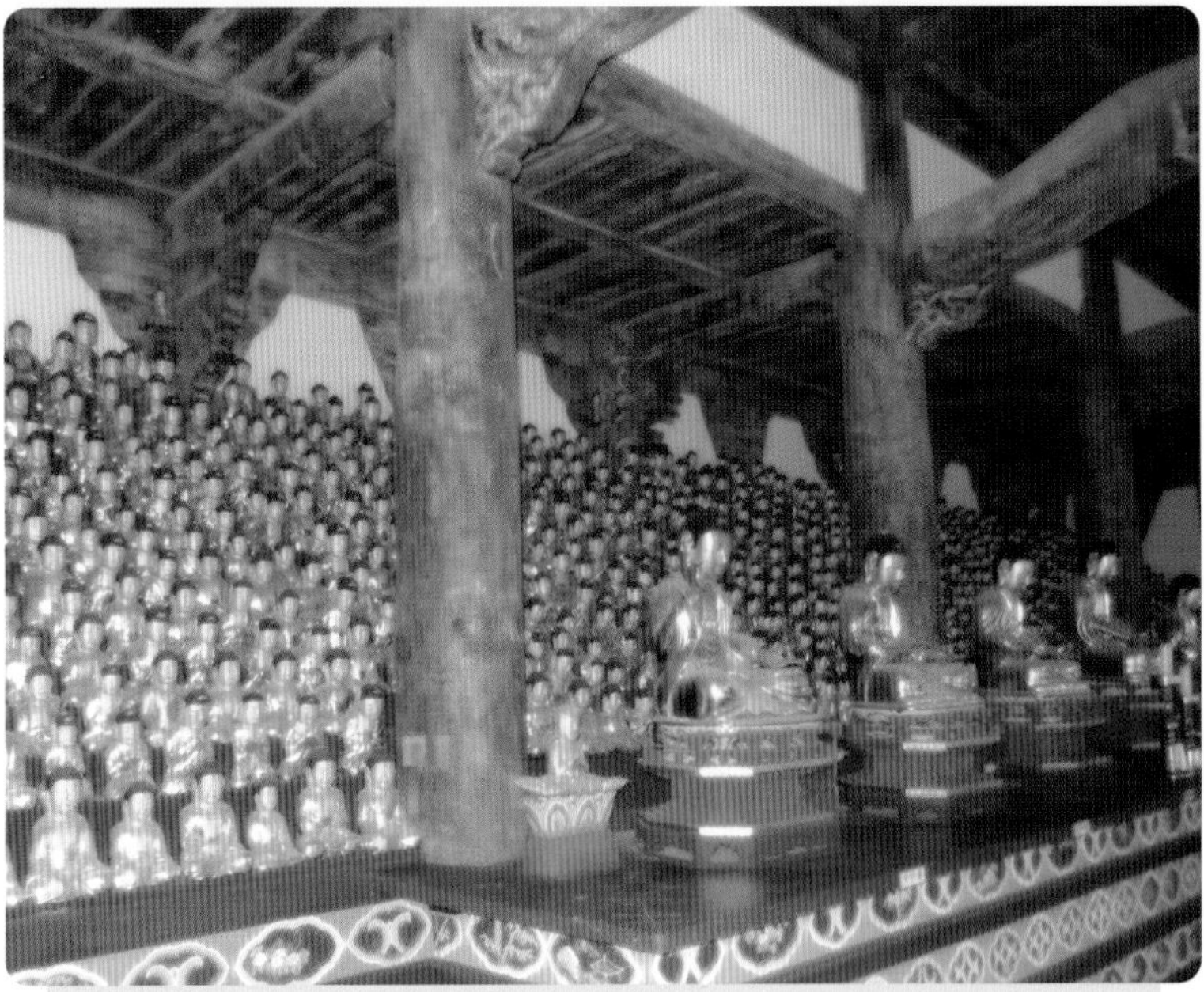

【麻谷寺】 特別な礼拝所である霊山殿には、釈迦牟尼をはじめ千体の仏像をまつる　口絵 3

口絵4　【法住寺】　黄金色の金銅弥勒大仏（高さ33㍍）と、屋根の曲線が美しい五重塔（捌相殿《はっそうでん》、国宝）が前後に並び、堂々たる姿に圧倒される

口絵5　【鳳停寺】　質素なたたずまいが歴史を感じさせる僧房。立原正秋《たちはらまさあき》の小説『冬のかたみに』に登場する「無量寺」は、扁額の「無量海会」から引用したらしい

口絵6

【仏国寺】　カラフルな民族衣装を着た新婚さんの後方に見えるのが青雲橋（上段）と白雲橋（下段）。華厳世界へと通じていく

口絵7

【曹渓寺】　日本の「花祭り」にあたる「釈迦生誕の日」（旧暦4月8日）を前後して燃灯祭がおこなわれる。境内にはたくさんの提灯が飾られ華やいだ雰囲気に

口絵8

【曹渓寺】　本堂の大雄殿には釈迦牟尼《しゃかむに》と薬師如来、阿弥陀の三尊仏が安置され、大勢の人が礼拝におとずれる

世界遺産

# 韓国の山寺

テンプルステイで知る
日本仏教との違い

宋 寛

著

社会評論社

# 韓国の主な山寺

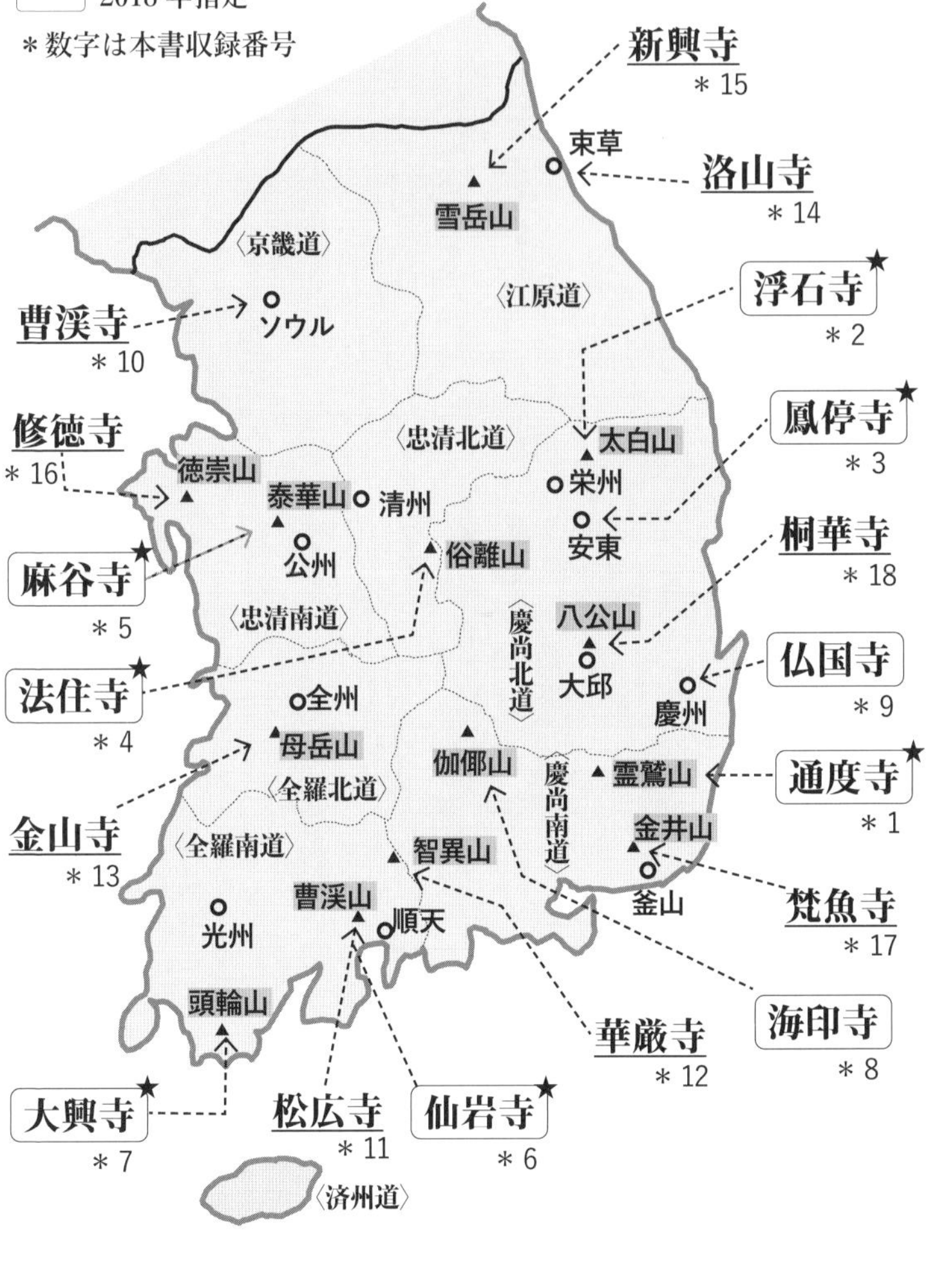
世界遺産
2018 年指定
＊数字は本書収録番号
新興寺
＊15
東草
洛山寺
＊14
雪岳山
〈京畿道〉
〈江原道〉
浮石寺
＊2
曹溪寺
ソウル
＊10
鳳停寺
＊3
〈忠清北道〉
太白山
修徳寺
＊16
徳崇山
栄州
泰華山
清州
安東
桐華寺
＊18
麻谷寺
＊5
公州
俗離山
〈忠清南道〉
八公山
慶尚北道
仏国寺
大邱
法住寺
＊4
全州
慶州
＊9
母岳山
伽倻山
霊鷲山
通度寺
〈全羅北道〉
慶尚南道
＊1
金山寺
＊13
〈全羅南道〉
智異山
金井山
曹渓山
釜山
梵魚寺
＊17
光州
順天
頭輪山
海印寺
華厳寺
＊8
＊12
大興寺
松広寺
仙岩寺
＊7
＊11
＊6
〈済州道〉

世界遺産　韓国の山寺

＊　目次

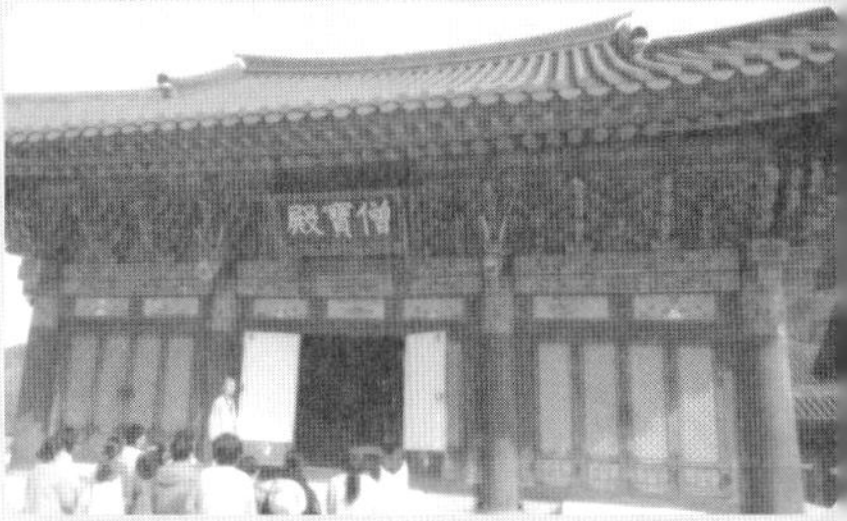

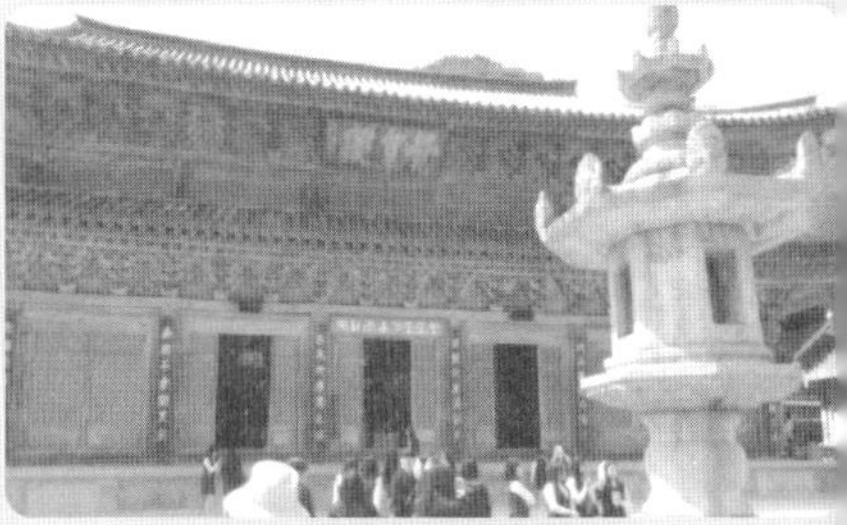

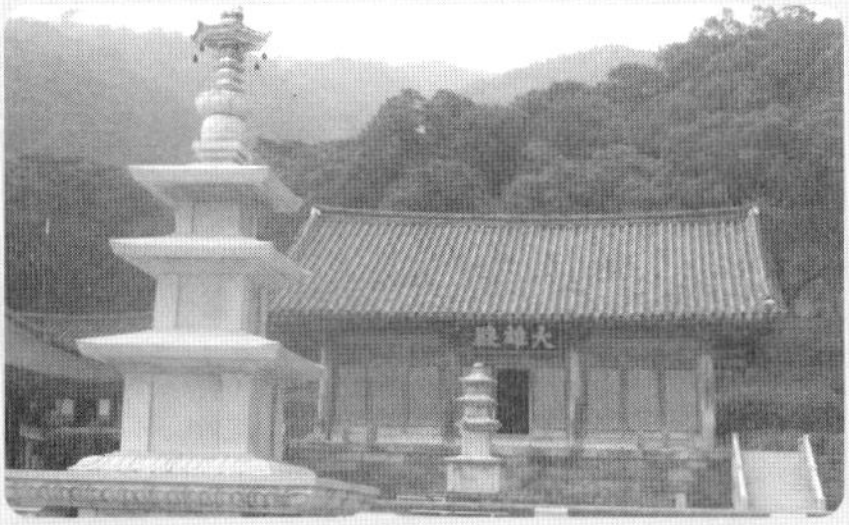


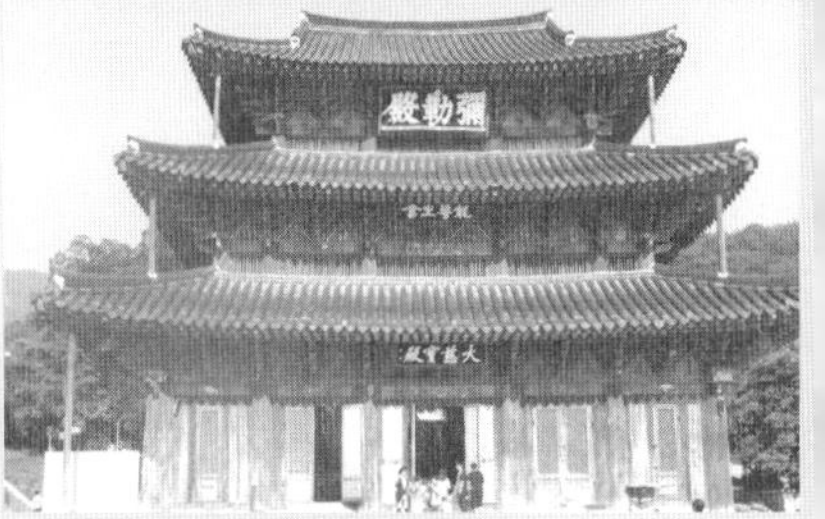


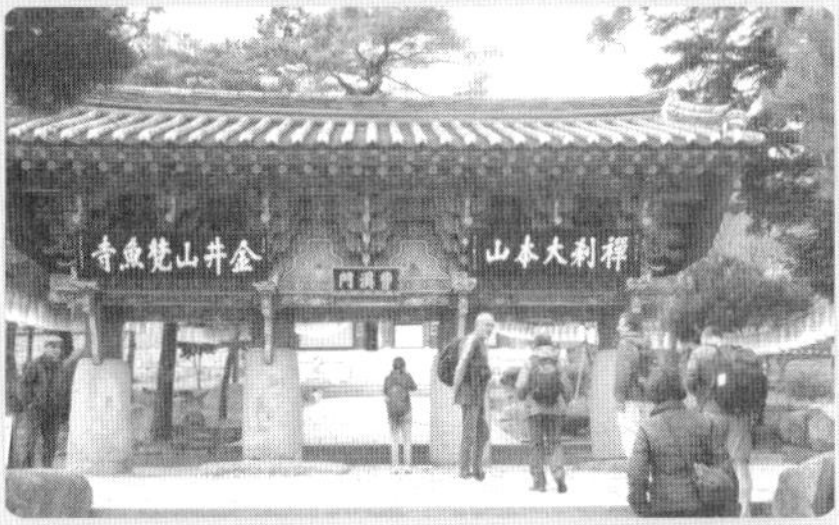


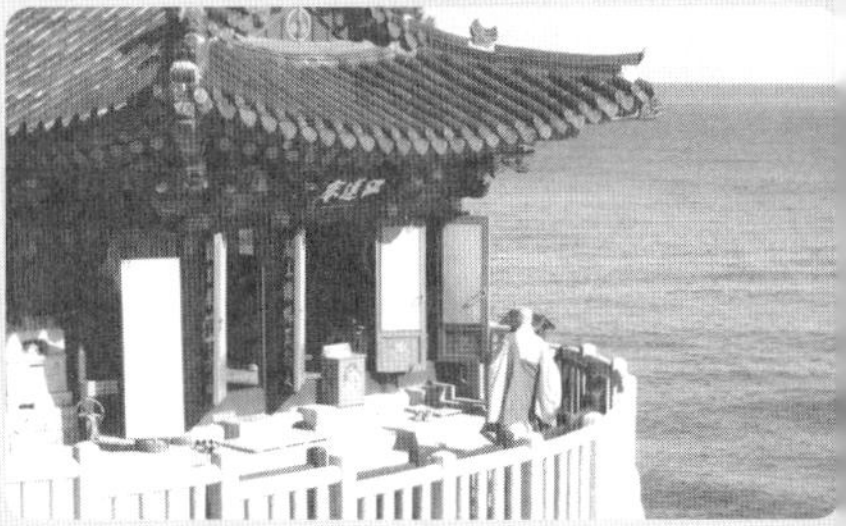

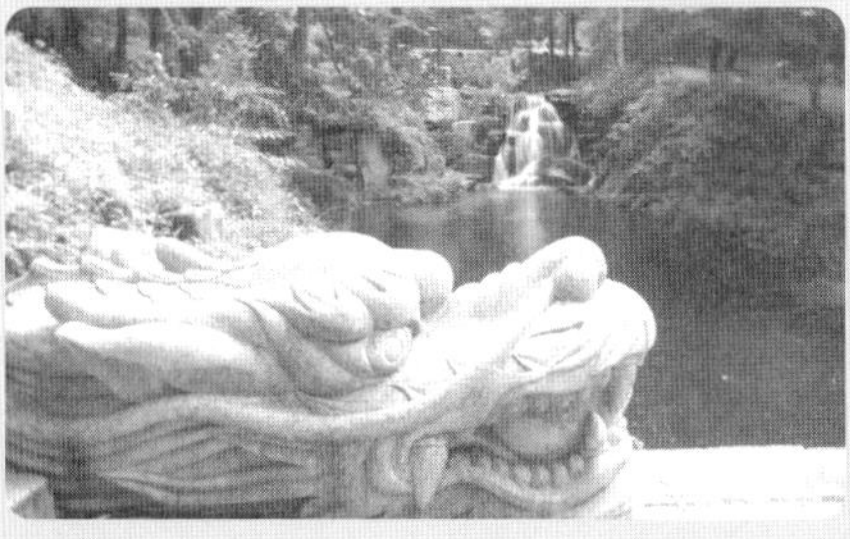

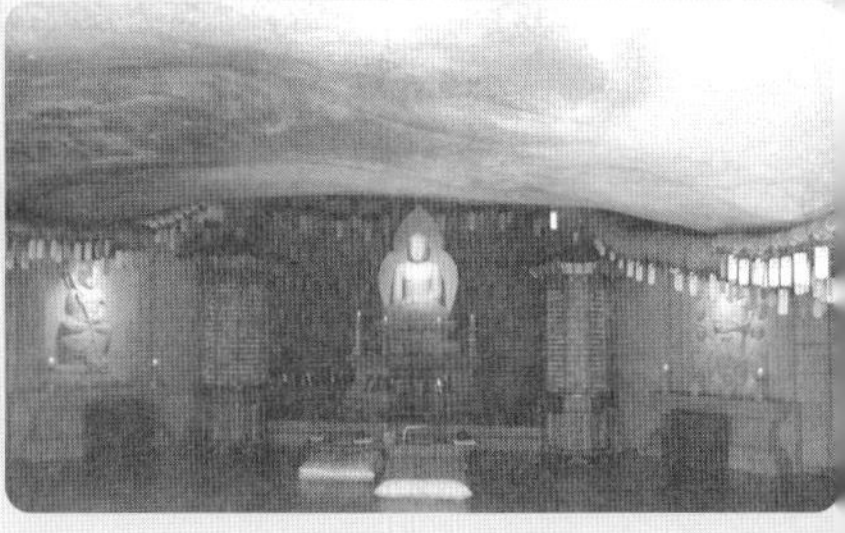

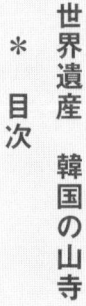

## 第3章　特徴のある「9寺院」

# はじめに

「ボ～ン」。寺院できく鐘の音は心をなごませる。それが山寺の場合には、体内にいっそうジーンと響くからふしぎだ。韓国の名刹《めいさつ》は山中にたたずむことが多く、それも名山といわれるところにきまって古刹《こさつ》がみられる。

この「韓国伝統山寺」の一部が二〇一八年、ユネスコ（国連教育科学文化機関）の世界文化遺産に登録された。対象となったのは、通度寺（慶尚南道梁山市）、浮石寺（慶尚北道栄州市）、鳳停寺（同安東市）、法住寺（忠清北道報恩郡）、麻谷寺（忠清南道公州市）、仙岩寺（全羅南道順天市）、大興寺（同海南郡）の七カ所。いずれも千年を超す古刹である。

日本と韓国は同じ大乗仏教（北伝仏教）圏に属し、基本となる経典や信仰のありかたが似ているものの、異なる点が少なくない。

日本は、江戸時代から檀家制度が始まり、特定の寺院に所属して葬祭供養をその寺院に任せてきた。現在、制度的にはなくなったものの、従来のしきたりどおりに今なお寺院内に墓地をもうけている家は少なくない。日本が「葬式仏教」と呼ばれるゆえんである。

一方の韓国では、寺院と墓地はまったく別もの。近年、韓国では土葬から火葬に変える家が急増するなど葬式形態は変わりつつあるが、埋葬するところは墓地である。

寺院はあくまでも修行の場だ。僧侶は肉食を避けながら結婚することもなく、ひたすら「悟りの世界」をめざして修行に励む。グレーの僧衣を着用した上に茶色の袈裟《けさ》をかけ、仏前にひれ伏す感じで礼拝を繰り返す。戒律を守りながら、つつましく清浄な生活をつづける僧侶たちが、現代社会にあって尊敬の対象となるのも当然といえるかもしれない。

私が韓国の古刹めぐりをはじめたきっかけは、「山」だった。毎夏、日本アルプスなどに登ってきた経験があり、以前から韓国の山にも興味をそそられていた。というのも、韓国の山は二千㍍以下と低いものの岩が多く、日本とはちがう景観に恵まれているからだ。

定年退職を契機に、韓国の山を楽しもうと下調べをしたところ、国立公園に指定された名山にはきまって古刹があるではないか。それもテンプルステイ制度（いわゆる宿坊）があり、だれもが宿泊できる。ここを活用しないわけにはいかない。

韓国登山をめざしたつもりが、日本とはかなり趣のことなる古刹めぐりを続けるうちにその魅力にとりつかれていく。交通機関は主に高速バスを利用して全国をめぐった。

テンプルステイ事業は、サッカーのワールドカップ（W杯）日韓共催大会が開催された二〇〇二年から本格的にスタート。指定された寺院内に一般用の宿泊施設が建てられた。テンプルステイには休養型と体験型があり、週末土曜日の場合、各寺院では体験型としてプログラムが用意され、参加者が多い。朝夕の礼拝や座禅、大鐘突き、数珠《じゅず》つくり、百八拝、茶話会などがおこなわれる。

境内に入る際にはいくつかの門がある。一柱門にはじまり、天王門、不二《ふに》門（別称・解脱門）

とつづく。階段状に一直線上に配置されたこれらの門を出入りするたびに合掌しながらお辞儀をするのが礼儀で、境内にある仏像や塔にも合掌する。

仏殿に入り仏像に対して礼拝するときは、自分の前にざぶとん（長めのものが多い）を敷き、額と両ひじ、両ひざの五カ所を床につけ、両手のひらを上に向けて最高の敬意を示す。「五体投地法」と呼ばれ、三度繰り返すのが作法である。

僧侶とともに礼拝に参加し、木魚を叩く音にあわせながら『般若心経』などを唱える。一般にお勤めは三十分ほどで終わる。さらに礼拝を続けるかどうかは自由だ。寺院によってはさらに瞑想（座禅）をするところもある。

食堂での精進料理は肉類をつかわず、野菜や豆類が中心。野菜も、ニンニクや長ネギ、タマネギ、ニラといった精力のつく食材は使わない。キムチはきまって提供されるものの、ニンニク抜きである。ビュッフェスタイルで五種類ほどのおかずとご飯、汁をセルフサービスで各自が器に盛るが、残すことは許されない。食器も自分で洗うのが原則だ。

なによりも自然に囲まれた中で、ゆったりと静かな刻《とき》が流れるのを体験することこそ、テンプルステイの妙味といえよう。この貴重な時間を過ごしたい人は宿泊者の少ない平日に参加することをすすめたい。

次に、日韓仏教の違いについてのべてみたい。日本の仏教は浄土宗や真言宗など宗派が細分化され多いことから「宗派仏教」と称される。これに対して韓国仏教は、三十余ある大韓仏教宗団のうち曹渓宗に属する仏教徒が過半数を占める。日本と違い韓国は宗派が統合されてきた歴史的経緯があり、曹渓宗だけでもさまざまな宗派の教えがあることから「総合仏教」とよばれる。

各境内の仏殿にまつる仏像をみれば、その多様性が理解できよう。大雄殿に釈迦牟尼《しゃかむに》、極楽殿に阿弥陀《あみだ》、薬師殿に薬師如来《やくしにょらい》、観音殿に観音菩薩《かんのんぼさつ》、弥勒殿に弥勒菩薩《みろくぼさつ》というふうに、どの寺院をたずねても、建物ごとにさまざまな仏像が安置されている。

木造の仏殿は落雷などで焼失し、再建されたものが多い。日本には歴史的な木造の建物や仏像などが多数残されているが、韓国には木造の文化財は少なく、ほとんどが石造物である。

本書では、すでに世界遺産に登録されている海印寺および仏国寺と、二〇一八年に登録された七寺院をまず取り上げた。そのほか、韓国仏教徒の多くを占める曹渓宗の総本山・曹渓寺（ソウル市）をはじめ、「仏・法・僧」の三宝寺院、観音聖地などを収録している。

本書を読まれて「韓国山寺」に対する好奇心が少しでも刺激されることを願っています。

【凡例】
ルビについては、日本語などの固有名詞は「ひらがな」で記し、韓国語読み（主に人名・地名）は「カタカナ」を付した。（例）通度寺（つうどじ　トンドサ）

# 第1章

# 世界遺産Ⅰ

## 2018年に指定された7寺院

# 大雄殿の本尊は窓外の「金剛戒壇」

## 1　霊鷲山　通度寺《つうどじ》　トンドサ

◇創建　韓国の史書『三国遺事』によれば、六四六年に慈蔵和尚が創建し、中国の五台山から授けられた仏舎利などを奉安した

◇住所　慶尚南道梁山市下北面通度寺路一〇八

◇交通　釜山地下鉄一号線「老圃洞《ノポドン》」駅から「通度寺」行バスに乗り、三十分ほどで新坪《シンピョン》バスターミナルに到着。霊鷲山門まで歩いて十分ほど

◇☎　八二‐五五‐三八二‐七一八二

◇ホームページ　tongdosa.or.kr

玄関口である山門の手前から見上げると、背後の霊鷲山《りょうじゅせん》が翼を広げたようにそびえる

韓国第二の都市・釜山からバスを利用できる立地にあるため、他の山寺とはことなり交通の便がよい。くわえて三宝《さんぽう》【注1】を象徴する三大寺院のひとつ、「仏宝」の寺として知られ、参拝者が絶えない。

玄関口である霊鷲山門《りょうじゅせんもん》の前から見上げると、背後に標高一〇八一メートルの霊鷲山【注2】が翼を広げたようにそびえ立ち、壮観である。インドで釈迦《しゃか》【注3】が説法したといわれる霊鷲山に山容が似ていることから山号《さんごう》【注4】となった。

寺院名は「仏法（真理）に通じて衆生《しゅじょう》を済度する」などの説に由来する。衆生とは狭義的に人間界、済度は救済のこと。

渓流沿いに松並木のつづく参道を散策しながら二十分ほど進み、右手に高僧をまつる浮屠《ふと》がみえれば大門に着く。そこから聖宝博物館をすぎれば、正門《せいもん》である一柱門《いっちゅうもん》【注5】はすぐだ。

門の扁額《へんがく》に記された「霊鷲山通度寺」の揮毫《きごう》【注6】

説法殿での法会《ほうえ》には多数の参拝者が集まる

は朝鮮朝末期の興宣大院君によるもの。左右に書かれた「仏之宗家」「国之大刹《たいさつ》」は、「仏第一の寺院」「国の大寺院」という意味である。

ゆるやかなのぼり坂にそって天王門《てんのうもん》、不二門《ふにもん》、そして本堂である大雄殿《だいゆうでん》へと、一直線に並ぶ。「歩くあいだに釈迦に対面する心がまえを整えていく」と、僧侶【注7】から教えられた。寺の門を出入りするときは合掌礼拝《がっしょうらいはい》（または礼拝《れいはい》）するのが作法とされる。

格の違いを示すかのように境内《けいだい》は広く、仏殿《ぶつでん》（仏堂《ぶつどう》、伽藍《がらん》とも呼ぶ）が四十棟にものぼる。

韓国の場合、どの寺でも仏殿に自由に出入りし礼拝できるのはありがたい。さまざまな仏像《ぶつぞう》【注8】と対座しながらすごす静寂なひとときに心がやすらぐ。

かずある仏殿の中で興味をそそられたのが、創建者・慈蔵《チャジャン》律師《りっし》【注9】の影幀《えいてい》（肖像画）をまつる「開山祖堂《かいざんそどう》」【注10】である。大雄殿の手前にあり、廃仏された朝鮮朝時代に王族たちが祈祷するところだっ

廃仏された朝鮮朝時代に王族らが礼拝に訪れたといわれる開山祖堂《かいざんそどう》

たらしい。

この寺の中心をなすのが「金剛戒壇《こんごうかいだん》」。金剛のように堅固な戒律《かいりつ》【注11】を授かるという意味で、慈蔵律師が唐から戒律を初めて新羅にもたらした。

この戒律こそ仏教のおしえの中でもっとも重要視され、長い歴史のなかで通度寺が「大本山」としての地位を保つことができたあかしともいえるだろう。

それを立証するのが本堂の大雄殿（国宝）。一般に本堂には本尊である仏像がまつられるが、ここにはそれがない。大雄殿にあがると、参拝者は北側のガラス窓に向かって礼拝する。そこから見えるのが金剛戒壇で、その中心にある仏舎利塔こそ大雄殿の本尊なのだ。＝口絵2参照

金剛戒壇は石造物に囲われ、四隅に四天王像が彫られている。十一時から三時間だけ、参拝者の出入りが許される。他の人にならって足を踏みいれると、厳粛な雰囲気が感じられ、敬虔《けいけん》な心情になっていく。合掌しながら舎利塔のまわりを三度周回した。

また、大雄殿の扁額が東西南北の四方にそれぞれ「大雄殿」「大方広殿《だいほうこう》」「金剛戒壇」「寂滅宝宮」【注12】と大書されている。いずれも重要な意味を有する。「大方広」は『華厳経』という経典のこと。

僧侶は二百人近い。毎日の礼拝は説話殿でおこなわれる。袈裟《けさ》（僧服・法衣《ほうえ》ともいう）をまとった僧侶がおのおの指定された大きめの座布団にすわる。てい髪頭の僧侶たちを後方からながめると、まるでお地蔵さまが並んでいるかのようだ。読経《どきょう》は男性合唱のごとく法堂内にひびき、

耳にここちよい。

ところで、天王門をくぐって左手の奥まったところに「伽藍閣《がらんかく》」がひっそりとたつ。僧侶から「それは儒教式の祭壇」と聞いた瞬間、わが耳を疑った。なぜ、寺に…？　しかし、あらゆるものに対して寛容なのが仏教であることを思いだし、逆に懐《ふところ》の深さに感じいった。

注1　【三宝《さんぽう》】仏・法・僧のこと。仏舎利を奉安する通度寺（仏宝）、高麗八万大蔵経をおさめる海印寺（法宝）、十六人の国師を輩出した松広寺（僧宝）の三つの寺を「三宝寺院」と称する。

注2　【霊鷲山《りょうじゅせん》】古代インドのマガダ国の首都、王舎城の北東にあり、釈迦《しゃか》がそこで説法したといわれる。

注3　【釈迦《しゃか》】仏教の開祖。紀元前四八三～同三六三年（諸説あり）に生存（八十歳）したといわれる。シャカ族の王子だったときはゴータマ・シッダールタと呼ばれ、悟りを開いてからは釈尊《しゃくそん》、釈迦牟尼《しゃかむに》（釈迦族の聖者の意）、仏陀《ブッダ》などと称される。

注4　【山号《さんごう》】たとえば「伽倻山」海印寺というふうに、所在を示すため寺院名に山号を冠していることが多い。寺院はもともと修行、祈願する道場で、山中の明堂に建立された。山号は中国で始まり、韓国、日本でも踏襲してきた。日本の比叡山《ひえいざん》（延暦寺）や高野山《こうやさん》（金剛峯寺）などのように山号だけで呼ばれることが多い。

注5　【一柱門《いっちゅうもん》】柱が一列に並んでいるのが特徴で、「一心」の意味をこめている。世俗と浄土を分ける

第一の関門で、寺の山門。さらに進むと、守護神四体（四天王）をまつる天王門、不二門《ふにもん》（別称・解脱門《げだつもん》）と続き、本堂にいたるのが韓国寺院の一般的な配列。

注6【揮毫《きごう》】知名人が頼まれて書をかくこと。

注7【僧侶《そうりょ》】出家して仏門に入り、修行をつんで教えを説く人。上人《しょうにん》、住職《じゅうしょく》、大師《だいし》、親しみをこめてお坊さん、和尚《おしょう》さんとも呼ぶ。

注8【仏像《ぶつぞう》】釈迦の入寂後、礼拝の象徴として仏塔がたてられたが、かわって仏像が登場したのは紀元前後からと推定。ガンダーラ地方（現在のパキスタン）で最初につくられたといわれる。

注9【慈蔵律師《チャジャンりっし》】七世紀の新羅時代に王族に生まれた僧侶。通度寺を創建する際、唐から請来《しょうらい》した舎利や経典を奉安し、舎利塔および金剛戒壇を設けて戒律の定着に努めた。また、外敵撃退を願って皇竜寺に九重塔をたてるなど、教団体制の確立に貢献したといわれる。

注10【開山祖堂《かいざんそどう》】寺をはじめて開いた僧の像をまつる堂のこと。

注11【戒律《かいりつ》】戒は信徒が守るべき生活規範、律は僧侶のみに課される戒および僧団で守る集団規則。仏道修行者がおさめるべき根本思想「戒《かい》・定《じょう》・慧《え》」のうち、とくに重要なのが戒律といわれ、僧侶になるには「受戒」が必要。

注12【寂滅宝宮《じゃくめつほうきゅう》】釈迦の舎利を祀《まつ》ったところ。寂滅とは煩悩がなくなった状態を指し、悟りの境地である涅槃《ねはん》に通じる。

# 義相が広めた華厳十刹の拠点

## 2 太白山 浮《ふ》石《せき》寺《じ》 プソクサ

◇創建　新羅時代の六七六年、義相大師が浮石寺を創建したことにより華厳宗を広める基盤を築いた
◇住所　慶尚北道栄州市浮石面浮石寺路三四五
◇交通　慶尚北道の栄州バスターミナルから市内バスに乗り、五十分ほどで「浮石寺入口」
◇☎　八二‐五四‐六三三‐三四六四
◇ホームページ　pusoksa.org

無量寿殿および八角石灯（手前）。いずれも国宝

栄州から浮石寺行のバスに乗ると、農村ののどかな風景とともに、朝鮮朝時代の学者「ソンビ」の村や、高麗時代末期の紹修書院《しょうしゅうしょいん》【注13】といった「中世の面影」を通過していく。

終点で下車し、イチョウの木が両側に列をなした参道を進むと、ほどなく一柱門に。正面の扁額に「太白山浮石寺」、裏側には「海東華厳宗刹」とそれぞれ記され、華厳宗の中心道場だったことを示している。海東《かいとう》【注14】とは朝鮮半島の別称である。

少しすすんだ左手に、高さ四・八<ruby>メートル</ruby>の幢竿《どうかん》支柱が二本ならぶ。七世紀のものと推定され、法会《ほうえ》などをおこなう際にのぼりを掲げて知らせたという。石造物のため、各寺には今なお残っているところが少なくない。

坂になった石段をのぼり天王門をすぎると、まわりがひらけてくる。さらに急な石段をのぼっていくうちに汗ばんできた。梵鐘閣《ぼんしょうかく》や三重石塔、華厳経典をおさめた蔵経閣《ぞうきょうかく》をへて、ふたたび急傾斜の階段をあがると安養門《あんにょうもん》【注15】だ。安養とは極楽《ごくらく》の意味。この門を支える八本の

本堂に安置された阿弥陀如来座像は東向きに座している

柱が荒けずりで太くたくましい。風雪に耐えてきた歴史の重みを感じさせ、見ごたえがある。襟《えり》をただして安養門をくぐりながらのぼると、明るい空間に八角石灯と無量寿殿が姿をあらわした。いずれも国宝で、あたりは雅趣に富んだ雰囲気がただよう。高さ三㍍もある石灯には蓮の花を手にした菩薩像が陽刻されており、新羅芸術のすばらしさを感じとることができよう。

本堂である無量寿殿は、一九一六年の解体修理の際に発見された「墨書銘《ぼくしょめい》」から、高麗末期の一三七六年に建てられたことが判明した。鳳停寺（慶尚北道安東市）の極楽殿とともに韓国最古の木造建築とされる。

本堂の前方に広がる眺望がすばらしい。連綿と太白山脈《たいはく》【注16】の山並みがつづく。ここ鳳凰山の中腹に浮石寺が位置することから、さながら鳳凰（想像上の瑞鳥《ずいちょう》）がはばたく姿をイメージさせるという。

無量寿殿の中に入ると、本尊の阿弥陀如来座像《あみだにょらいざぞう》が正面ではなく東向きに座している。理由をたずね

急傾斜をのぼったところが安養門《あんにょうもん》。ここをくぐれば「極楽浄土世界」に入っていく

ると、「阿弥陀仏が西方にいるとされる阿弥陀信仰【注17】を強調するため」らしい。

この阿弥陀仏は統一新羅時代に造形されたものを高麗時代に修理したと伝えられ、韓国最古の塑像《そぞう》【注18】として国宝に指定された。天蓋《てんがい》【注19】には後述する「義相と善妙」伝説に由来した竜の絵が描かれている。

本堂にむかって右手の三重石灯をすぎて裏手にのぼると、国宝の祖師堂がたつ。ここには創建者である高僧義相《ウィサン》【注20】の真影をまつっている。一九一八年に発見された棟上げ文によると、一三七七年に再建され、高麗時代の代表的な寺院建築のひとつとされた。

義相は華厳十刹を建てたほか、みずからの仏教観のすべてを注ぎこんだ「華厳一乗法界図」【注21】をあらわし、華厳宗を一般に広めるのに尽力した。

本堂の左手後方にまわれば、巨石が重なりあっている。その一部が浮いているように見えることから、寺名「浮石寺」の由来になった。これと関連して本堂の右手後方には、「善妙伝説」【注22】にちなんだ善妙閣がたつ。

興味深いのは、鎌倉時代に日本華厳宗の再興を志した明恵上人《みょうえしょうにん》【注23】高弁《こうべん》との縁である。京都の高山寺を主な舞台にした明恵が晩年、みずから制作に加わったと伝えられる『華厳縁起《けごんえんぎ》絵巻《えまき》』（日本の国宝）は有名だ。華厳宗の祖師伝記を絵物語風に紹介したもので、別称「華厳宗祖師絵伝」と呼ばれ、善妙伝説が子細に描かれている。ここに取り上げられた祖師とは義相と元暁《ウォニョ》【注24】の両大師だけで、明恵がことのほか敬愛をよせていたことを示すものといえよう。

時空を超えた物語に、見る者の胸も熱くならざるをえない。

注13【紹修書院《しょうしゅうしょいん》】儒学を学ぶ私設の学校を書院とよぶ。栄州のものは高麗時代末期に初めてつくられた儒教の学校。

注14【海東《かいとう》】朝鮮半島の別称として、ほかに「三千里江山」「青丘《せいきゅう》」「鶏林《けいりん》」とも呼ばれる。

注15【安養門《あんにょうもん》】安養浄土の略で、往生した者は心を安んじ、身を養うという意味。この門をくぐれば阿弥陀仏の極楽浄土世界に入っていく。

注16【太白山脈《たいはくさんみゃく》】朝鮮半島を東海岸沿いに縦断する脊梁《せきりょう》山脈。金剛山をはじめ雪岳山、五台山、太白山と南北に千五百米《メートル》をこす山々がつらなる。山脈の東側を嶺東地方、西側を嶺西地方とよぶ。長編小説『太白山脈』（趙廷来）は有名。

注17【阿弥陀信仰《あみだしんこう》】浮石寺は華厳宗の寺だが、本尊は阿弥陀仏である。その理由は一説によると、衆生教化《しゅじょうきょうけ》のためにまず阿弥陀仏の極楽浄土にいき、そこから華厳宗の蓮華蔵世界に入るためとされる。

注18【塑像《そぞう》】粘土でつくった像。

注19【天蓋《てんがい》】仏像の頭上にかざす笠状の装飾物。

注20【義相《ウィサン》】六二五～七〇二年。唐に留学し、中国華厳宗第二祖である智儼《ちごん》に師事。帰国後、「華厳《けごん》十刹《じゅうさつ》」を創建し、あらゆる存在が相互依存の関係にありながら互いに調和をなすという華厳思

想を確立した。華厳十刹とは、浮石寺、海印寺、梵魚寺、華厳寺、甲寺、玉泉寺、美理寺、普願寺、華山寺、国神寺のこと。韓国では「義湘」と記す。

注21 【華厳一乗法界図《けごんいちじょうほっかいず》】 華厳思想を七言三十句（二百十字）にまとめたもの。中央の「法性円融無二相…」から始まり、迷路のように読み進んでいく。この法界図を地面に描いている寺もあり、この図をたどりながら釈迦の深い瞑想境地である海印三昧《かいいんざんまい》の世界にふれることができるという。

注22 【善妙伝説《ぜんみょうでんせつ》】 唐に留学した新羅の修行僧義相に一目ぼれした、高貴な身分の善妙は義相が帰国したと聞くや、海に身を投じて竜となり彼の乗った船を守った。また、浮石寺を建立する際には妨害者の頭上に巨石を浮かべて追い払ったという。浮石寺に善妙閣と竜神閣が並んでたつのはこのためである。

注23 【明恵上人《みょうえしょうにん》】 鎌倉初期の華厳宗の僧。諱《いみな》（生前の実名）は高弁。京都市右京区の栂尾《とがのお》に高山寺を創建し、華厳宗興隆の道場に。

注24 【元暁《ウォニョ》】 六一七〜六八六年。義相と同時代の人で、出家したものの妻帯し、村々を回りながら阿弥陀信仰を広めた。百巻にものぼる著作をあらわし、和諍《わじょう》を中心にすべてのものが一つの心から出るという「一心思想」を説いた。新羅の大学者、薛聡《ソルチョン》は息子。ソウル市内に「元暁路」と命名されたストリートがある。

立原正秋『冬のかたみに』の舞台

## 3 天灯山 鳳停寺《ほうていじ》 ポンジョンサ

◇創建　六七二年、義相大師の弟子である能人大徳が建立したとされる。得度したのち道力でつくった折り紙の鳳凰鳥を飛ばして着地したところを鳳停寺と命名。修行していた洞窟内を天女が照らしたとの説話から、山号を天灯山と名づけたらしい

◇住所　慶尚北道安東市西後面鳳停寺路二二二

◇交通　慶尚北道の安東から市内バスで約十五分

◇☎　八二‐五四‐八五三‐四一八一

◇ホームページ　bongjeongsa.org

韓国最古の木造建築（12 世紀）といわれる極楽殿（国宝）と高麗時代の三重石塔

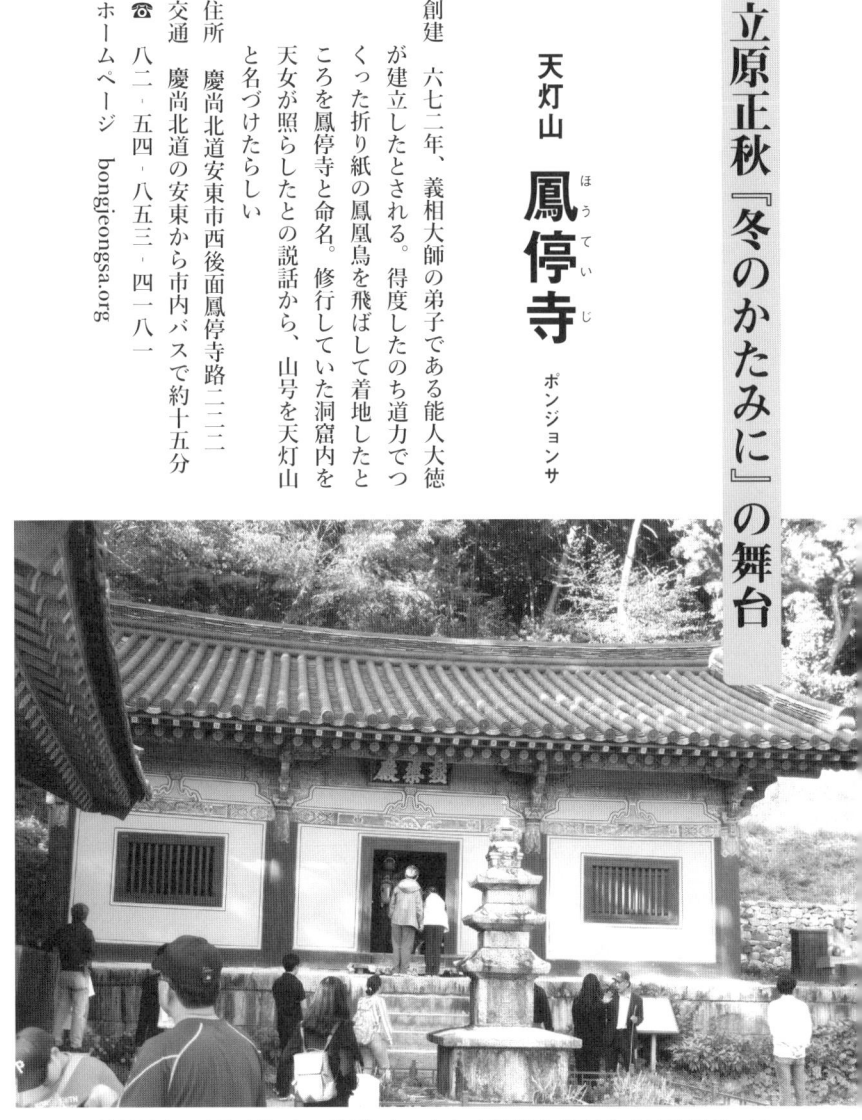

作家・立原正秋《たちはらまさあき》【注25】の小説『冬のかたみに』の舞台となった寺である。父親が実際に鳳停寺の僧侶（事務長職らしい）であった縁から、立原は少年時代に僧房に泊まりながら雲水（修行僧）たちと生活をともにし、老僧に学んだようだ。

幼い日の思い出として描写された美しい田園風景を、以前から実際に確かめたいと思っていたところ、今回、念願がかなった。

両班《ヤンバン》【注26】の里として知られる安東市（慶尚北道）を訪れたときは「国際仮面舞フェスティバル」（九月下旬〜十月上旬）のまっさい中で、バスターミナルは世界文化遺産である「河回村《ハフェ》」などに行く外国人観光客らでごったがえしていた。

そこから北側に向かう「鳳停寺」行のバスに乗りこんだ。車窓からは、道路沿いに並んだ韓屋の一角に、「安東は韓国精神文化の都」と記されたキャッチフレーズが見えた。安東には書院や郷校といった儒教文化の学

古風な雰囲気をただよわせる万歳楼。ここをくぐれば大雄殿（国宝）が現れる

校や、寺社、伝統芸能などみどころが多いからだ。

終点の「鳳停寺入口」で下車。松林に沿って坂道をのぼっていくと、五分ほどで一柱門に着く。さらに松並木道を進むと、急峻な階段の上方に見えるのが「万歳楼」。近づくと、それを支える何本も並んだ太い柱が古風な雰囲気をただよわせ、味わいぶかい。

そこから石段のせまい門をくぐりぬけるや、正面に本堂の大雄殿が姿をあらわした。天空に向かって両端にそりかえる軒先が鳥の翼のように美しい。現存する朝鮮朝初期の数少ない建物のひとつで、国宝に指定。内部には、釈迦如来と観世音菩薩、地蔵菩薩の三尊仏《さんぞんぶつ》【注27】がまつられている。

僧侶によると、十三世紀以降に建てられた柱心包《ちゅうしんぽう》様式【注28】のうち現存するのは、ここ鳳停寺の極楽殿と、浮石寺（慶尚北道栄州市）の無量寿殿、修徳寺（忠清南道礼山郡）の大雄殿の三カ所だという。

いずれも優雅に洗練された高麗建築の面影を残して

伝統的な寺院構造「口の字型」の霊山庵。静寂の世界に身をおくと心がやすらぐ

おり、そりかえった屋根を下から見上げると、マス組もまた芸術的なつくりだ。

大雄殿の手前、左側に華厳講堂、右手に僧房が向かいあう。僧房に掲げられた扁額には「無量海会」と記されている。小説『冬のかたみに』に登場する「無量寺」とは、この「無量海会」から引用したと推測される。＝口絵5参照

「この作品は構想から二十数年の歳月をへて書きあげた」と、立原は語っている。それだけ思い入れの強いものがあったにちがいない。いずれにせよ、質素に建てられた僧房の風趣がなんとも言いがたい。

鳳停寺を有名にしたのが、切妻屋根の端正な「極楽殿」の存在だ。一九七〇年代、修復工事をおこなった際に発見された棟上げ文により、「一三六三年に瓦をふき替えた」ことが判明した。一般に瓦の修復は百五十～二百年の間隔でなされる。したがって十二世紀までさかのぼることができるため韓国最古の木造建築と判定され、国宝に指定された。

大雄殿と極楽殿の両院構成は、釈迦信仰と阿弥陀信仰をあわせて具現したもの。つまり、華厳宗と浄土宗の融合を示すもので、韓国仏教の特徴のひとつといわれる。

極楽殿の前にたつ三重石塔は高麗時代に造形されたもの。高さは三・五㍍。上方の相輪部が比較的よく保存されており、極楽殿や左手前の禅道場「古今堂」とあわせて写真におさめる人が少なくない。おりしも、福岡県の大学生らが団体で参拝に訪れていた。

本堂の裏手にひっそりとたたずむ、小さな三聖閣《さんせいかく》【注29】。現世利益《げんぜりやく》の神として参拝者はきまっ

て立ち寄る。山神と七星、独聖の三神は民間信仰や道教を習合したもので、韓国仏教の独特な伽藍配置といわれる。

大雄殿の前を向かって右手に進めば、すぐに霊山庵がみえる。伝統的な寺院構造で、大きな松の木を囲むように口の字型に配置され、静寂で落ちついた佇《たたず》まいだ。

その前に座っていると、どこからか「ポク、ポク…」と木魚をたたく音が聞こえてきた。異次元の世界にタイムスリップしたような気分になり、自然と心がいやされる。

ここは撮影スポットとしても有名で、韓国映画「達磨はなぜ東へ行ったのか」（一九八九年、ペ・ヨンギュン監督）や「童僧」（二〇〇三年、チュ・ギョンジュン監督）などのロケ地につかわれ、静謐《せいひつ》な山寺の世界が描写されている。

注25【立原正秋《たちはらまさあき》】一九二六年、慶尚北道の安東生まれ。幼くして父を失い、母の再婚とともに神奈川県の横須賀に移る。「薪能《たきぎのう》」「剣ヶ崎」で芥川賞候補となり、「白い罌粟《けし》」で直木賞を受賞。

注26【両班《ヤンバン》】中世の官僚階級。

注27【三尊仏《さんぞんぶつ》】主尊《しゅそん》（中心の仏）と左右の脇侍《わきじ》（きょうじとも呼ぶ）による三者一組の仏像配置形式。一般に、釈迦三尊は釈迦如来と、文殊《もんじゅ》、普賢《ふげん》の両菩薩、阿弥陀三尊は阿弥陀如来と観音・勢至《せいし》菩薩、薬師三尊は薬師如来と日光・月光菩薩をそれぞれ配する。

注28　【柱心包様式《ちゅうしんぽうようしき》】　軒を支える組み方のひとつ。韓国古建築の場合、多くの部材が構造上の役割とともに鑑賞的役割も担うため露出されることが多い。屋根裏や床下をみれば、きっと独特の美しさやユーモアを感じることができよう。

注29　【三聖閣《さんせいかく》】　大雄殿後方をさらにのぼったところに、山岳信仰と融合した土俗神をまつることが多い。老人と虎の絵をかざり無病・子孫繁栄を象徴する山神、北斗七星に幸福と長寿を願う七星、ひとり悟《さと》りをめざす独聖をまつる。どれを主体にするかで山神閣、七星閣などと呼ばれる。

仏法が住する「聖地」の世界



## 4　俗離山　法住寺《ほうじゅうじ》　ポッジュサ

◇創建　五五三年に義信大師が創建し、七七六年に真表律師らが再建したのを契機に王室の庇護を受け、弥勒信仰の道場となった

◇住所　忠清北道報恩郡俗離山面法住寺路四〇五

◇交通　忠清北道の報恩高速バスターミナルから二十分ほどで「俗離山観光団地」に着く。報恩までは便数の多い清州や大田を経由するのが便利

◇☎　八二-四三-五四三-三六一五

◇ホームページ　beopjusa.org

双獅子石灯（国宝）の説明を聞くテンプルステイ参加者たち

国立公園の俗離山は韓国のほぼ中央部に位置し、聖山として知られる。バスの終点「俗離山観光団地」がその登山口であり、俗離山に登るには法住寺の一柱門を経由していく。

一柱門の扁額には「湖西第一伽藍」と大書されている。「湖西」とは錦江《きんこう》【注30】の西側地域を意味し、忠清道の旧名である。

境内に到着したのは夜のとばりがおりはじめたころだった。入るやいなや、「ブウォーッ!」と、けたたましい音が山全体に響いた。なにごとかと尋ねると、イノシシのなき声とのこと。とんだ歓迎ぶりにおどろかされたが、境内はいたって静寂である。

最高峰の天王峰(標高一〇五七㍍)をはじめ八つの峰々が寺院を取り囲む。俗離山とは「世俗を離れた聖地」の意である。「そこに仏法【注31】が住する」という寺名どおり仏土の世界そのもので、境内のあちこちに祈りの場がみられる。

720年ごろの作品といわれる「石蓮池」(国宝)。極楽浄土の蓮池を象徴している

金剛門から天王門【注32】へと順にすぎていくと、視界が開けてくる。広い空間でまず目につくのが、俗離山を背にして前後にならびたつ金銅弥勒大仏像《こんどうみろくだいぶつぞう》と捌相殿《はっそうでん》だ。＝口絵4参照

黄金色の大仏は高さ三十三㍍もあり、堂々たる姿に圧倒される。統一新羅時代に建立されたものの朝鮮朝時代に解体され、二〇〇〇年代に入ってから現在のものに再現された。地下には弥勒半跏思惟像が安置され、おごそかな雰囲気につつまれている。

高さ二十二・七㍍の捌相殿《はっそうでん》はどっしりと重量感にあふれ、韓国唯一の木造五重塔として国宝に指定されている。

五段に重なる屋根の曲線がバランスよく、古風な趣がなんとも魅力的だ。各層の屋根は上にいくにつれ小さくなっていく。内部には釈迦の生涯において重要な八場面を描いた「八相図」【注33】がある。「捌《パル》」の字は「八《パル》」の意味に通じるらしい。

境内の入口近くには巨岩の壁面があり、そこに刻まれた磨崖如来坐像《まがいにょらいざぞう》（高さ六・一八㍍）は高麗前期の作といわれ

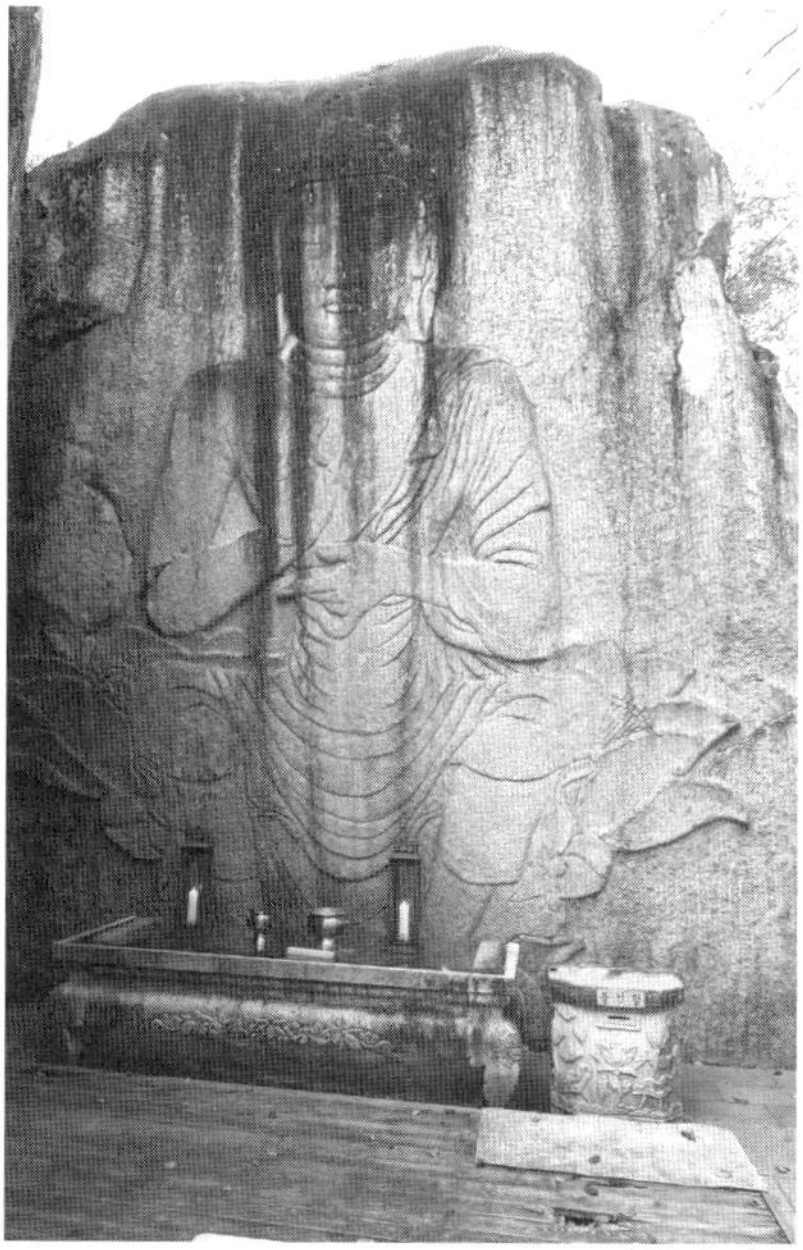

高麗時代前期の作と推定される磨崖如来《まがいにょらい》坐像《ざぞう》は高さ6㍍を超す

る。衣のひだや指などのしなやかな造形が美しい。

　かつて大寺院であったが、豊臣秀吉による朝鮮侵略「文禄・慶長の役」（壬辰倭乱）の際に木造建築が焼失し、創建当時（六世紀）につくられた石造物だけが残った。

　多くの法堂《はっとう》は一六二五年ごろに碧巌禅師が改修、復元したものといわれる。大雄宝殿は高麗時代に建立されながらも再建を繰り返し、二〇〇五年に朝鮮朝中期の姿に復元された。華厳寺（全羅南道）の覚皇殿、無量寺（忠清南道）の極楽殿とともに韓国三大法堂と呼ばれる。内部には、華厳宗の本尊である毘盧遮那《びるしゃな》および釈迦如来《しゃかにょらい》、盧舎那《るしゃな》の三仏をまつる。いずれも高さ五・五メートルの大仏で、その前で五体投地【注34】による礼拝がおこなわれる。弥勒大仏がたつ位置には、以前、弥勒信仰【注35】のシンボルである龍華宝殿があったらしい。

　夜明け前の三時すぎ、木魚をたたく音で目覚めた。三時半からの礼拝には二十人ほどの僧侶が出席。『般若心経《はんにゃしんぎょう》』【注36】などを唱えてからふたたび外に出るや、天空に無数の星や三日月を見つけた。その輝きに目をやりながら静寂な自然界に耳を傾けると、おのずと心も潤ってくるようだ。

　境内にはすぐれた文化財が多い。極楽浄土の蓮池を象徴した石蓮池（高さ一・九五メートル、周囲六・六五メートル）は七二〇年（統一新羅時代）ごろの作品。花崗岩の側面に彫られた花文様の精妙さは逸品と評価が高く、国宝に指定されている。本来の本堂である龍華宝殿が残っていた当時の荘厳品《しょうごんほん》【注37】だったらしい。

統一新羅時代の造形と推定される双獅子石灯（高さ約三㍍）は韓国最古の石灯篭《いしどうろう》で、これもまた国宝である。その特異な形態が興味ぶかい。一頭が口を開け、もう一頭が口を閉じた獅子が直立して向かいあい、互いに頭と前足で灯篭の台座を懸命に支えている。見るからに緊張感がみなぎる。

境内を包みこむように広がる俗離山は、峰々に奇岩がつらなり変化に富む。そのひとつ「文蔵台」は霊験あらたかな山として知られる。「三度登れば極楽に行かれる」との言い伝えがあり、「あやかりたい」との思いにかられ、また登りたくなるらしい。俗離山から湧きでた清流は、南は錦江、東は洛東江《らくとうこう》【注38】へ合流していく。

テンプルステイ担当の「居士《コサニム》」【注39】の案内により、僧侶が散策するという場所に行くと、静かで美しい風景がひろがっていた。案内者とは途中で別れて俗離山を登っていく。

風雨で浸食されたむきだしの花崗岩が多いのは、韓国の山特有の景観だがよく整備されている。時おり、岩のすき間から愛嬌のある顔をのぞかせるリスとの出会いも楽しいものである。

注30【錦江《きんこう》】百済の古都だった公州や扶余を迂回し、群山の北側で黄海にそそぐ。
注31【仏法《ぶっぽう》】釈迦が説いた真理の教え。

注32 【天王門《てんのうもん》】 四方をまもる守護神。時計回りに、東は宝珠をかかげる持国天《じこくてん》、南は剣や鉾《ほこ》をもつ増長天《ぞうちょうてん》、西は巻物と筆をもつ広目天《こうもくてん》、北は宝塔をささげる多聞天《たもんてん》の四神を配置している。韓国の像はユーモラスな表情でカラフルなのが特徴。

注33 【八相図《はっそうず》】 釈迦の生涯で八つの重要なできごと。誕生、出家、降魔《ごうま》、成道《じょうどう》、初転法輪《しょてんぼうりん》、入涅槃《にゅうねはん》など。

注34 【五体投地《ごたいとうち》】 額と両ひじ、両ひざの五カ所を地につけ、両手のひらを上にむけて最高の敬意を示す礼拝方法。仏殿ではざぶとんを敷いてまず合掌した姿勢でおじぎし、五体投地の礼拝を三度繰り返すのが作法。百八拝などがある。

注35 【弥勒信仰《みろくしんこう》】 弥勒菩薩を本尊とする信仰。仏滅後五十六億七千万年をへて再び弥勒がこの世に現れ、釈迦の説法にもれた衆生を救うといわれる。古代三国を統一した新羅では「花郎は弥勒の化身」として護国思想と結びついた。

注36 【般若心経《はんにゃしんぎょう》】 「般若」とは仏の智慧《ちえ》のこと。中国で漢訳され、韓国を経て日本に伝えられた経典のうちもっとも有名。大乗仏教の「空《くう》」思想の神髄が凝縮され、写経にもよくつかわれる。

注37 【荘厳品《しょうごんほん》】 仏像や仏堂を美しく飾ること。

注38 【洛東江《らくとうこう》】 慶尚南・北道を流れる韓国第二の川。太白山に源を発し、釜山付近で海峡にそそぐ。

注39 【居士《コサニム》】 テンプルステイ宿泊者を世話する男性を「コサニム」（居士）、女性を「ポサルニム」（菩薩）と呼ぶ。

## 雲水・金九がひそんだ「白凡堂」

### 5 泰華山 麻《ま》谷《ご》寺《じ》 マゴクサ

◇創建　韓国ドラマでおなじみの「善徳女王」から土地の寄進をうけ、慈蔵和尚が六四三年に開創。高麗時代に普照国師、朝鮮朝時代に覚淳大師がそれぞれ再興した
◇住所　忠清南道公州市寺谷面麻谷寺路九六六
◇交通　公州バスターミナルから乗車、約三十分で終点の「麻谷寺」
◇電話　八二 - 四一 - 八四一 - 六二二六
◇ホームページ　magoksa.or.kr

本堂の大光宝殿（手前）と、一段高い奥に大雄宝殿。前後に並ぶのは珍しい。それぞれの仏殿には華厳宗教主の毘盧遮那仏、浄土宗の阿弥陀仏をまつり、韓国独特の「華厳浄土」なる構造を示す

古代三国のひとつ、百済《くだら》の都だった公州（忠清南道）。この周辺地域が「百済歴史遺跡区」として二〇一五年、ユネスコの世界文化遺産に指定された。

その公州バスターミナルから乗車すると、車中に韓服姿で長い白ひげをはやしたハラボジ（おじいさん）が座っているのを目にし、いかにも古都らしい、とひそかにほくそえんだ。

到着後、麻谷寺の駐車場周辺に並んだ飲食店やホテルなどを横目にみながら、十分ほどで一柱門に。境内は松林の散策路などがあり、とても広い。

解脱《げだつ》【注40】門手前の左側には、座禅修行するための梅花堂、この寺でもっとも古い建物の霊山殿などがならんで見える。

一六五〇年ごろに再建されたという霊山殿の内部には、釈迦牟尼《しゃかむに》および十大弟子【注41】など千体の仏像＝口絵3参照＝をまつっており、特別な礼拝所となっている。「霊山殿」の扁額は朝鮮朝第七代王世祖の親筆によるもの。

おりしも、僧侶たちが一カ所につどい集中的に修行す

韓国臨時政府の主席だった金九の号を冠した庵「白凡堂」。日本植民地時代に当局の追跡からのがれ、「円宗」という法名《ほうみょう》でしばし潜んでいた

る「安居《あんご》」【注42】の期間中で、この一角の出入りが規制されていた。解脱門から天王門《てんのうもん》、そして極楽橋《ごくらくばし》へとまっすぐに続く。錦江からの清流が橋を境にしてエリアを二つに区分する。手前が俗界で、橋を渡れば「仏国土」に入っていくとされる。

極楽橋をわたり梵鐘閣《ぼんしょうかく》の正面にまわると、広い空間に出る。その中央部にそびえるのが五重石塔（高さ八・七㍍）。高麗末期（十三〜十四世紀）にチベットのラマ教の影響を受けたもので、最上段の相輪部にみえる青銅製風磨銅《せいどうせいふうまどう》がそのなごりを示す。壁面には東西南北を見守る「四方仏」が彫られている。

塔の後方には大光宝殿、さらに奥の高い位置に大雄宝殿が前後に並ぶ。このような仏殿の配列は珍しい。

大光宝殿には華厳教の教主である毘盧遮那仏《びるしゃなぶつ》、大雄宝殿には阿弥陀仏《あみだぶつ》がそれぞれまつられ、ここでも韓国独特の「華厳浄土」なる構造を示している。

本堂である大光宝殿は文禄・慶長の役（壬辰倭乱、十六世紀末）のときに焼失したが、さいわいにも再建された。

「白凡　瞑想の道」と名づけられた散歩道。3㌔、5㌔、11㌔コースがある

内部に入ると、古色蒼然たる雰囲気におのずと粛然たる心もちになる。本尊の毘盧遮那仏が本堂の中央にはなく、正面の左側にまつられている。大雄宝殿の阿弥陀仏と重ならないようにしたためらしい。

同じく再建された大雄宝殿には阿弥陀如来《あみだにょらい》、釈迦牟尼《しゃかむに》、薬師如来《やくしにょらい》の三尊仏をまつっている。境内を散策するうちに意外なものを目にした。韓国臨時政府の主席で独立運動指導者として知られる金九《キムグ》【注43】の号を冠した庵、「白凡堂」である。日本植民地時代に当局の追跡からのがれ、「円宗」という法名《ほうみょう》の雲水（修行僧）としてしばし潜んでいた。

庵には、本人の実物大の写真とともに、一九四六年に立ち寄った際に撮った記念写真や親筆「良心建国」などが展示されている。白凡が敬愛したという西山大師の漢詩が印象に残った。

踏雪野中去／不須胡乱行／今日我行跡／遂作後人程
（雪道の野原を歩くとき／みだりに足跡をつけてはならない／私の歩いた跡が／あとから来る者の道しるべとなるので）

白凡が生前に好んで書いた揮毫《きごう》で、二〇〇九年に直系の孫から寄贈された。境内には「白凡瞑想の道」と名づけられた散歩道もいくつかあり（三キロ、五キロ、十一キロコース）、散策に訪れる人が多い。

麻谷寺をとり囲む泰華山。そこから流れてくる渓谷の風情がうるわしく、ひとり静かにもの思いにふけりながら貴重な時間を過ごすことができよう。とくに春の境内はモクレンやサクラをはじめさまざまな花が一斉に咲き誇り、参拝者を出迎えてくれる。

注40　【解脱《げだつ》】　苦悩や煩悩《ぼんのう》から解放され、自由の境地に到達すること。仏教では涅槃《ねはん》とともに究極の目標。解脱門を不二《ふに》門ともいう。不二は一般につかわれる「唯一」の意味ではなく、出会いと別れ、始まりと終わり、生と死など、「相反するふたつが本来はひとつ」という、仏教の基本真理を示す。

注41　【十大弟子《じゅうだいでし》】　一般的に次の十人。カッコ内はすぐれた点。①舎利弗《しゃりほつ》（智慧《ちえ》）②目犍連《もくけんれん》（神通力）③摩訶迦葉《まかかしょう》（頭陀《ずだ》）④須菩提《しゅぼだい》（解空《げくう》）⑤富楼那《ふるな》（説法）⑥迦旃延《かせんねん》（論議）⑦阿那律《あなりつ》（天眼《てんげん》）⑧優波離《うぱり》（持律《じりつ》）⑨羅睺羅《らごら》（密行）⑩阿難《あなん》（多聞《たもん》）。

注42　【安居《あんご》】　年に二回、僧侶たちが禅院につどい集中的に三カ月間参禅修行すること。夏安居《げあんご》は旧暦四月十五日～七月十五日（盂蘭盆《うらぼん》）、冬安居《とうあんご》は旧暦十月十五日～一月十五日にそれぞれ実施される。一日に八～十二時間、集中して修行にはげむ。

注43　【金九《キムグ》】　一八七六～一九四九年。三・一独立運動後に上海に亡命。大韓民国臨時政府主席をはじめ、一九四五年の解放後は韓国独立党党首などを歴任したが、一九四九年に暗殺された。

人には誰かに頼ろうとする習性がある。
仏といえども他人。
仏教は仏を信じるのではなく、その教えにしたがって自分らしく生きていく道だ。
ゆえに仏教とは仏の教えというだけでなく、私自身が仏になる自己実現の道なのだ。
したがって私たちがよるべきは仏ではなく、私自身と真理だけである。
仏教とはこのように自己探求の宗教なのだ。

（法頂『生きとし生けるものに幸あれ』）

# 太古宗唯一の叢林 総合修行道場

## 6 曹渓山 仙岩寺《せんがんじ》 ソナンサ

◇創建　百済時代の五二九年、阿道和尚が海川寺を建立。統一新羅の八七五年に道銑国師が再建して仙岩寺にあらためた
◇住所　全羅南道順天市昇州邑仙岩寺路四五〇
◇交通　全羅南道の順天総合バスターミナルから「仙岩寺」行に乗って約五十分
◇電話　八二‐六一‐七五四‐五二四七
◇ホームページ　seonamsa.net

大雄殿の天井の梁《はり》から４匹の竜が顔を出し、本堂内を見守っているようだ

サギの渡り鳥で知られる順天湾湿地保護地域(二〇一五年ラムサール条約【注44】に登録)の入口、順天からバスに乗車。街路樹の新緑があざやかで、開かれた窓から初夏の香りがただよう。

終点の「仙岩寺入口」から渓流に沿って森林浴をしながら歩いていく。二カ所の浮屠《ふと》をすぎると、アーチ形の石橋「昇仙橋《しょうせんきょう》」が現れた。朝鮮朝時代中期のものと推定され、橋の下の半円を通して二階建ての降仙楼を眺める光景が風雅である。

三十分ほどで着いた一柱門には、「太古叢林曹渓山仙巌寺」と記された。韓国仏教太古宗唯一の叢林《そうりん》【注45】である。ここから急傾斜の階段をのぼっていく。万歳楼をへて中庭に入ると、正面に大雄殿、左に説禅堂、右に尋剣堂、奥に地蔵殿がみえる。

かつて六十余りあった仏殿が何度か火災に見舞われ、現在残るのは、大雄殿や捌相殿《はっそうでん》、円通殿、覚皇殿、千

食堂「寂黙堂」の庫裏《くり》(台所)。修行の一環として調理は見習い僧が担当

仏殿など二十棟ほど。

本堂の大雄殿は朝鮮朝後期に再建されたが、石材の基壇や石段は高麗時代に造られたものである。大雄殿前の両側にたつ二基の三重石塔は九世紀の統一新羅時代にまでさかのぼる貴重なもの。

珍しいのは六百年前の厠《かわや》（トイレ）。文化財ながら今なお使用しているという。宿所にはトイレがなくここを利用すべきだが、さすがに遠慮してすぐ近くにある水洗式で用をたした。

境内を見学してから汗を流そうとシャワー室に入ると、僧侶たちが数人入っていた。頭がツルツルでなければ、テンプルステイ利用者と勘ちがいしていたかもしれない。シャワー室は広く、洗濯・脱水機も備えていてありがたい。

夕食は早めの十七時二十分から寂默堂で。コムシン【注46】を脱いで食堂に上がるのは初めての体験。庫裏《くり》（台所）での調理は修行の一環として見習い僧【注47】

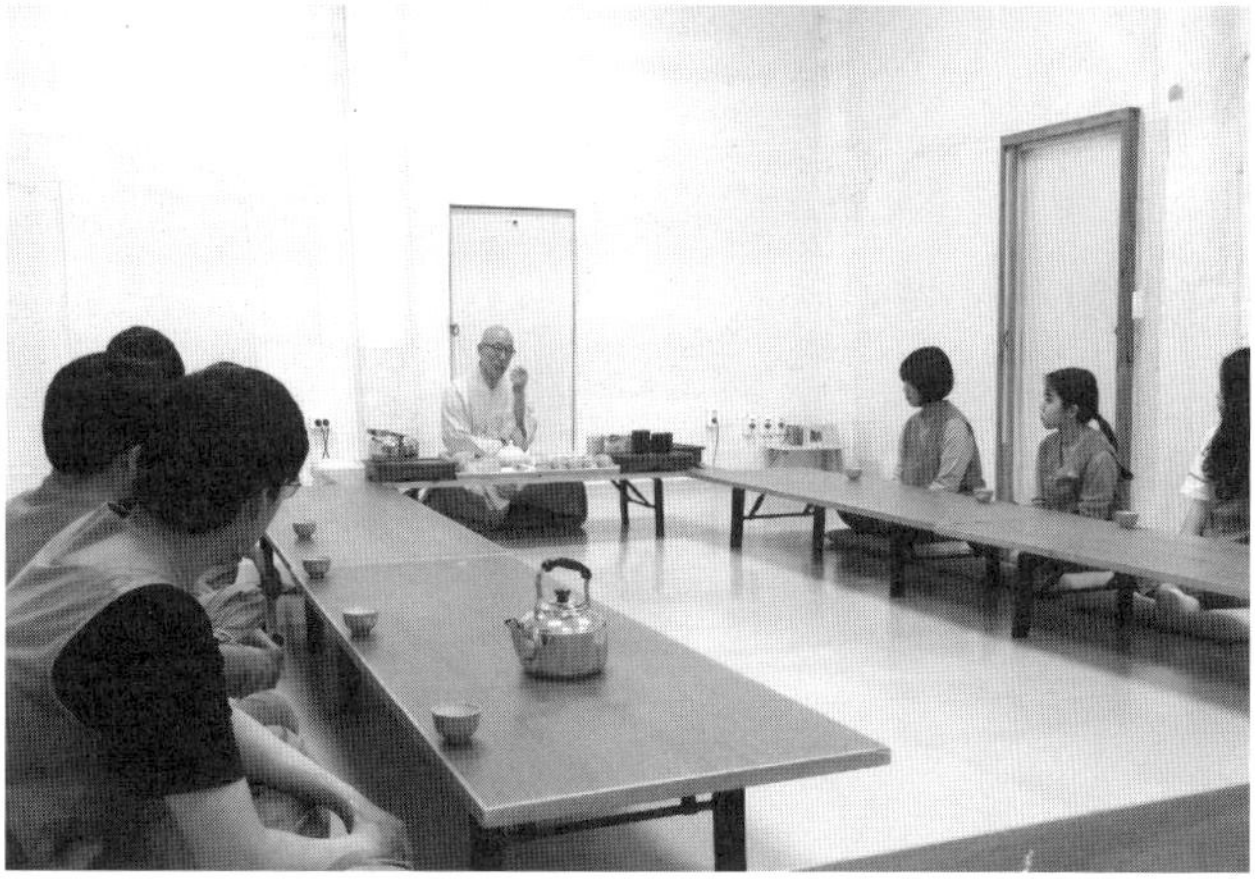

茶話会で和尚がテンプルステイに参加した若者たちと語り合う

が担当している。修行のテスト期間をもうけているのは、僧侶に本当になる気があるかどうかを試すためだという。

おかずはキノコやニンジンのあえ物、ゴボウ、ホウレンソウ、ナムル、キムチなど。とりわけ、冷たいキュウリのスープは暑い日には最高のごちそうだ。

夕方六時から本堂で礼拝。正面入口は腰の高さまで板でふさがれているため出入りができない。日本の植民地時代に正面から通れないようにしたらしい。ほかの寺では僧侶だけが正面から出入りするが、ここでは僧侶も信徒も建物の左右扉からあがっていく。

本堂の大雄殿には天井の梁《はり》から四匹の竜が顔を出している。いかにも見守っているような感じだ。礼拝は『般若心経』などを唱えて終わった。他の寺院と同じくとてもシンプルだ。

続いて僧侶との茶話会。直接対話ができる、貴重な機会である。境内の茶畑で摘《つ》んだという特別な茶でもてなしてくれた。

韓国の寺院では、僧侶が結婚すれば寺から出なければならないが、仙岩寺が所属する太古宗だけは結婚を認めている。この点について尋ねてみた。

「結婚は認めるものの、家族が境内で生活することは許されない。たまに家に戻る僧侶もいるが、修行が第一優先であることはいうまでもない。そのため、家族の生活は妻が支えている」。修行僧の厳しさに変わりがないことを強調した。

翌朝、僧侶の案内で山道をトレッキング。曹渓山（標高八八四メートル）の樹林帯や渓谷は美しく、トレッキングコースはなだらかでよく整備されている。この山道は反対側に位置する松広寺までつづく。そのため両寺院の山号は同じ「曹渓山」である。森林浴を楽しみながら六・五キロの山道を三時間で行けるので訪れる登山者が多い。

女優ハ・ジウォン主演のテレビドラマ「チェオクの剣」のロケ地としても知られている。

注44　【ラムサール条約《じょうやく》】湿地に関する条約で、正式名称は、「特に水鳥の生息地として国際的に重要な湿地に関する条約」。

注45　【叢林《そうりん》】禅院（禅の実習）、律院（戒律の研究）、講院（経・論の学習）をそなえた総合修行道場のこと。とくに禅寺をさす。

注46　【コムシン】ゴム製の靴またはサンダル。民族衣装のチマ・チョゴリを着用するときもコムシンをはく。

注47　【見習《みなら》い僧《そう》】僧侶になる前に修行期間があり、座禅や経などの修行のほか、早朝から配膳の準備や掃除などをおこなう。この期間を経たのち、僧侶になる決心が変わらなければ、出家して仏門に入る。つまり、仏教では「菩提心を起こすこと」（菩提発心《ぼだいほっしん》）が重要視されている。

# 国難を救った西山大師を奉安

## 7 頭輪山 大興寺《だいこうじ》 テフンサ

◇創建　新羅の真興王が母のために五一四年、阿度和尚に建てさせたというのが有力な説らしい。当初「大芚寺」と呼ばれたが、二十世紀初めに「大興寺」に改称された

◇住所　全羅南道海南郡三山面大興寺路四〇〇

◇交通　全羅南道の海南まで行くにはソウル、釜山のいずれからも高速バスで五時間。海南バスターミナルから大興寺までは路線バスで約二十分

◇☎　八二 - 六一 - 五三五 - 五七七五

◇ホームページ　daeheungsa.co.kr

境内から向こうに頭輪山が望める。案内板には「毘盧遮那仏《びろしゃなぶつ》がよこたわる姿のように見える」とある

韓国西南部のはずれ、海南《ヘナム》から路線バスに乗車。途中、朝鮮朝時代の官僚で海南出身の尹善道《ユンソンド》【注48】ゆかりの史跡があるとのこと。

終点の駐車場から、ケーブルカーの駅とは逆方向に歩いていくとすぐに大門が見える。扁額に大書された「頭崙山大芚寺」は旧名である。さらに渓流に沿って山林のなかを四十分ほど進むと一柱門に着く。ここには「頭輪山大興寺」と現在の寺名が記されている。

ここまで洗心橋や彼岸橋、般若橋など仏教と関連した名前の橋を経由してきた。「ひとつ渡るたびに心の荷物をひとつずつおろしていく」と、僧侶から教えられる。

山門の両側にはそれぞれ「南無阿弥陀仏《なむあみだぶつ》」「南無観世音菩薩《なむかんぜおんぼさつ》」と記され、浄土教（念仏）と禅宗（座禅）の教えが融合した禅浄一致《ぜんじょういっち》【注49】を示している。

すぐ近くには多数の浮屠《ふと》【注50】が見える。八十基余もならぶのは、後述する西山大師をはじめ高僧が輩

高僧の舎利をまつる浮屠《ふと》。碑石が多いのは高僧が輩出した証《あかし》である。形態はさまざまだ

出した証《あかし》といえよう。

解脱門《げだつもん》をくぐりぬけると、広い空間に出た。さらに向こう側には、寺院全体を包みこむように峰々が広がる。頭輪山（標高七〇三㍍）だ。案内板には、「山の稜線が、毘盧遮那仏《びるしゃなぶつ》が横たわる姿のように見える」と記されている。そのせいか、境内の清浄な雰囲気がなんともここちよい。

境内はおおまかに三つのエリア、つまり右手の「表忠祠」、正面の「千仏殿」、左側の「大雄宝殿」に分かれている。

まず表忠祠から参拝する。ここにまつられた西山《ソサン》大師《だいし》【注51】の存在が大興寺の名を高めたといわれる。十六世紀末、豊臣秀吉の朝鮮出兵（文禄・慶長の役）に際して、義僧兵【注52】を招集して国難を救ったのが西山大師であった。

表忠祠は一六六九年、弟子たちによって建てられた。本来、儒教形式の祠堂であったが、西山大師の弟子で

千仏殿の外観はまさに飛翔せんとする鳥の姿のように美しいといわれる

義僧兵として活躍した松雲大師《ソンウンだいし》【注53】らとともに奉安され、護国寺院のシンボルとして崇められた。堂内には、西山、松雲、雷黙の三大師を描いた肖像画が掲げられている。西山大師が妙香山（現在の北朝鮮）で入寂《にゅうじゃく》【注54】するとき、「頭輪山には火・水・風の三つの災難がなく、法を広めるのに適地である。自分の衣鉢《いはつ》をそこにおさめよ」と遺言した。その教えを継承しながら草衣禅師や梵海師といった高僧が輩出し、韓国仏教の中心道場となっていく。

表忠祠の前には表忠碑閣があり、西山大師遺物館には大師の肖像、国王の詔書などが展示されている。二〇二〇年は西山大師生誕五百周年にあたり、その記念事業の一環か、二年後に訪れたときは手直し工事中だった。

ちなみに、松雲大師は密陽市（慶尚南道）の「表忠寺」にまつられている。近年、朝鮮通信使研究の進展とともに義僧兵に関する評価が高まりつつあるのはよろこばしい。

続いて左側の大雄宝殿には釈迦、阿弥陀、薬師の三如来である三尊仏《さんぞんぶつ》のほか、十六羅漢像《らかんぞう》などをまつり、日々の礼拝がおこなわれている。

法堂内に入ると、曲がりくねった太い柱から歴史の重みがひしひしと伝わってくる。この建物が一度も火災に見舞われなかったのは西山大師の予言どおりであり、功徳を感じずにはいられない。

最後は正面の千仏殿。テンプルステイ担当の案内者は「千体の仏像が並ぶ千仏殿の外観は、まさに飛翔せんとする鳥の姿のように美しい」と説明した。一八一三年に再建され、内部に安置された千体の仏像は慶州産の玉石でつくられたという貴重なもの。

千仏殿から右手の道を進めば、そのまま登山道に通じる。六峰がつらなり登山者の健脚度にあわせて登山コースを選べるので、ハイカーたちでにぎわう。山の頂上からは南方の多島海や西海の絶景が一望にみわたせる。

山中にある庵のひとつ、北弥勒庵には国宝の磨崖如来座像が安置されているが、一般には公開されていない。

注48【尹善道《ユンソンド》】朝鮮朝時代の文臣で詩人。島流しされたところで多くの作品を残した。

注49【禅浄一致《ぜんじょういっち》】坐禅は自分で悟りをひらくことを目的とし、念仏は仏に救いを求める他力本願の修行である。本来なら矛盾する禅宗と浄土宗のおしえを融合したもの。いわゆる「念仏禅」の念仏は自分のなかに仏性を見いだすための方法のひとつで、坐禅とあわせて念仏をとなえれば効果がさらに増すという考え方にもとづく。

注50【浮屠《ふと》】高僧の舎利をまつった塔群。高僧の行跡を記した碑石など、形態はさまざま。高僧をしのぶとともに、現在の僧侶や信徒らが「範として精進せよ」との意味がこめられている。

注51【西山大師《ソサンだいし》】一五二〇～一六〇四年。号は清虚、僧名は休静。儒教・仏教・道教は狭義の目標で一致するという「三教合一論《さんきょうごういつろん》」を唱えて仏教界の統合を主張したことから、朝鮮朝仏教中興の祖

とよばれる。著書『禅家亀鑑《ぜんけきかん》』は今日なお韓国仏教徒の必読書である。

注52【義僧兵《ぎそうへい》】「文禄・慶長の役」（韓国では「壬辰倭乱《イムジンウェラン》」と呼ぶ）のとき、全国の寺院で義僧兵が豊臣軍に抵抗して立ちあがった。特に、高齢の西山大師とその弟子松雲大師が義僧兵五千人をひきいて豊臣軍を打ち破る活躍ぶりを見せた。

注53【松雲大師《ソンウンだいし》】一五四四～一六一〇年。号は四溟堂。慶尚南道の密陽生まれ。西山大師の直弟子。壬辰倭乱で義僧兵の総指揮官として勝利に貢献したほか、徳川家康らと講和交渉をすすめるなど外交面でも活躍した。

注54【入寂《にゅうじゃく》】肉体をもってこの世に現れた釈迦が涅槃《ねはん》に入ること。また徳の高い僧侶が亡くなること。入滅《にゅうめつ》ともいう。

# 第2章

# 世界遺産Ⅱ

## 韓国人の精神的支柱

# 護国仏教のシンボル「八万大蔵経」

## 8 伽倻山 海印寺《かいいんじ》 ヘインサ

◇創建　統一新羅の八〇二年、義相大師の教えを継承した順応、利貞の両大師が創建。寺院名は華厳経の「海印三昧」に由来する。静かな海面に一切のものが映るように、精神集中した心にこそ森羅万象が正しくとらえられるという意味

◇住所　慶尚南道陜川郡伽倻面海印寺路一二二

◇交通　大邱広域市の西部バスターミナルから「海印寺入口」まで一時間余

◇☎　八二・五五・九三四・三一一〇

◇ホームページ　haeinsa.or.kr

「八万大蔵経」をおさめる蔵経板殿の内部。科学的な湿度・通風管理がいまなお光を失わないでいる

韓国人にとって「国の宝」といえば、海印寺が所蔵する「高麗八万大蔵経《こうらいはちまんだいぞうきょう》」は欠かせない。経板の保管所である「蔵経板殿」が一九九五年のユネスコ世界文化遺産に、八万千三百五十枚の「経板」が二〇〇七年の世界記録遺産にそれぞれ指定された。寺院のなかでも別格の「宝院《ほういん》」といえよう。

大邱から高速バスに乗れば、直行で「海印寺入口」に着く。そこで乗客の確認をしてからさらに山道を進み、十分ほどで終点。バス停前で、秋に紅く染まる意の「紅流洞渓谷《こうりゅうどうけいこく》」の多彩な景観美を目にすれば、奥深い山であることが実感できる。

歩いて三十分ほどで一柱門に。別名「紅霞門《こうかもん》」と呼ばれ、周囲と調和をなすたたずまいが美しい。＝口絵1参照

そこからはまっすぐな急なのぼりで、鳳凰門（一般には天王門）をへて解脱門までの階段は三十三段。仏教における世界の中心「須弥山《しゅみせん》」【注55】の頂上に住む

「蔵経板殿」を見学するテンプルステイ参加者

「三十三天」に通ずる。

空間に出ると、九カ所で説法したことに由来する九光楼、本堂の大寂光殿、さらにのぼった奥の蔵経板殿まで一直線に並ぶ。蔵経板殿までの石段は百八段【注56】。急傾斜の階段を老人たちが懸命にのぼりおりしている。これも功徳《くどく》【注57】を積むための修行なのだろうか。

大寂光殿の内部には、華厳教の教主「毘盧遮那仏《びるしゃなぶつ》」を中心に文殊菩薩、普賢菩薩の三尊像《さんぞんぞう》をまつっている。境内全体が特別なパワースポットだけに参拝者はたえない。本堂前にたつ三重石塔が九世紀新羅時代の面影をしのばせる。

土曜日のテンプルステイは僧侶が蔵経板殿まで直接案内してくれるというので参加してみた。英会話に堪能な僧侶が多いこともあって、宿泊者四十人のうち外国人が十五人（日米独仏ニュージーランド）を占め、国際交流の場となった。

食事はセルフサービス。小学校でもテンプルステイをよく活用するという

礼拝前に鐘鼓楼で法鼓サムルノリがおこなわれる。僧侶たちのバチさばきに切れ味があり、参加者は魅せられたかのようにじっと見いった。

続いて本堂に入り、百人ほどが礼拝。僧侶たちの読経にあわせた「合唱」が千二百年の時を経て法堂内に響く。

礼拝の次は場所を移しての数珠《じゅず》つくり【注58】。フランスから来た女性が「母からならった」と言って、飾りの組みひもづくりを器用にこなしていた。できあがった数珠は「オンリーワンの宝物」である。

翌朝の礼拝は三時半から。三十分ほど前に、本堂のまわりを歩く僧侶が木鐸《ぼくたく》をたたきながら起床を知らせてくれる。

入室した僧侶はみずからザブトンを運んで五体投地法による礼拝をおこなう。五十人の僧侶を含めた百人ほどが『般若心経』などを唱《とな》えた。一心に口に出すことにより雑念を払い、身心を落ち着かせる効用があるらしい。

朝食をすませて七時半からは、僧侶の案内による境内めぐり。明堂《めいどう》【注59】である伽倻山《かやさん》（一四三〇㍍）の名称はもともとインド王家の名前に由来するとのこと。そういえば、古代朝鮮半島に「伽倻《かや》」【注60】の国が存在していたことを思い出した。

海印寺全体を上空から見ると、大海原に船が出ていく姿を模した「行舟形局《ぎょうしゅうけいきょく》」と呼ばれる伽藍配置で構成され、「すべての衆生を救済する」という大乗仏教【注61】の精神がこめられているという。

象王峰をはじめ千米《メートル》級の山々がつらなる伽倻山は、昔から文人墨客《ぶんじんぼっきゃく》【注62】に愛されてきた。新羅末期の学者・崔致遠《チエチウオン》【注63】が晩年に過ごしたとされる「学士台」跡には千年古木のモミノキが残っている。

そこからすぐのぼったところが期待の蔵経板殿だ。修多羅《しゅたら》殿、大蔵《だいぞう》殿、東・西の寺刊《じかん》殿の四棟が内庭を囲むように長方形に配置された。

仏教経典の集大成である大蔵経板には八万四千の法文が刻されていることから「八万大蔵経」【注64】と呼ばれる。

この「大蔵経」は二度つくられた。

最初は契丹《きったん》の侵入を撃退するためで、一〇一一年から一〇八七年までの七十六年間の歳月をかけて完成したのを「初雕《しょちょう》大蔵経」と呼ぶ。ところが、モンゴル軍の侵入によって一二三〇年代初に焼失した。

二度目はモンゴルによる国難を克服しようと、江華島で一二三六年から一二五一年までの十五年間をかけてできたのが「再雕《さいちょう》大蔵経」である。誤字がなく、美しい文字は類のない完成度と評価が高い。

戦火のまっただ中にあって、一字彫っては合掌礼拝しつつ国家と国民の安泰を祈った。これを「法力」というのだろうか。八万枚以上の版木を彫りあげた強力なパワーにはただただ驚嘆するばかり。境内の仏殿は長い歴史のなかで何度も火災にみまわれたが、ふしぎなことに大蔵経だけは免れた。

釜山から参加した同室の許さんは「ここは強力なパワースポット。静かな時間を過ごしたいときによく訪れる」とご満悦の様子だった。

昼間のおおぜいの参拝者によるにぎわいとは打って変わり、朝夕の礼拝時間は境内全体が静寂だ。とりわけ、空がしだいに白んでいく山寺の光景はなにものにも変えがたい。

注55【須弥山《しゅみせん》】仏教やヒンドゥー教で世界の中心にあると考える想像上の山。山頂は神々の世界で、周囲は幾重《いくえ》にも山や海に囲まれているという。

注56【百八段《ひゃくはちだん》】人間が持つ心の悩み、煩悩《ぼんのう》が百八種あることのたとえ。

注57【功徳《くどく》】人や世の中のためになる善行。あるいは神仏の恵みや御利益《ごりやく》のこと。

注58【数珠《じゅず》つくり】数珠を韓国語で「念珠」とよぶ。百八の煩悩を断ち切るという意味から、百八個の玉でつくる。テンプルステイにおける人気プログラムのひとつ。

注59【明堂《めいどう》】山勢や水勢をさぐる風水上の吉祥の地。山々に囲まれた空間がよいとされ、「龍穴《りゅうけつ》」とよぶ。

注60【伽倻《かや》】現在の慶尚南道金海郡を中心に、小国連合体の「大伽倻」を形成し鉄器を生産していたが、六世紀中ごろまでに新羅に併合された。

注61 【大乗仏教《だいじょうぶっきょう》】 インドから中国やモンゴル、韓国、日本などに伝わった仏教で、北伝仏教ともいう。利他《りた》主義の立場からいっさいが成仏《じょうぶつ》すると説き、自分が悟るだけでなく他者の救済も目的とし、多くの如来や菩薩が信仰対象となった。これに対して東南アジアに伝播した教えを南伝仏教と呼ぶ。

注62 【文人墨客《ぶんじんぼっきゃく》】 詩文や書画などの風流に親しむ人。

注63 【崔致遠《チェチウォン》】 九世紀末から十世紀初の新羅・高麗の文臣で漢文学の大家。海印寺に隠棲《いんせい》していたこともある。

注64 【八万大蔵経《はちまんだいぞうきょう》】 大蔵経は仏教の聖典《せいてん》で、経蔵・律蔵・論蔵の三蔵とその注釈書をまとめたもの。海印寺の高麗八万大蔵経は八万千二百五十八枚の版木に八万四千の法文が刻されている。桑の木を三年間海水に浸けたあと、さらに三年間乾燥させ、床下に塩・炭・石灰・砂を敷いた。経板の変形や害虫の侵入を防ぐとともに、科学的な湿度・通風管理がいまなお光を失わないでいる。

自分の心を第三者の立場から見つめることは
「心の主《あるじ》」になること。

（『ブッダの真理のことば』）

# 古都慶州に根づかせた新羅仏教

## 9 吐含山 仏国寺《ぶっこくじ》 プルグッサ

◇創建　新羅の宰相だった金大城が七五一年に創建し、あわせて石窟庵の造営にも着手したが途中で死去。国が引き継ぎ完成させたと伝えられる

◇住所　慶尚北道慶州市仏国路三八五

◇交通　釜山の金海空港から高速バスで慶州まで一時間余。市内バスに乗りかえ約三十分で仏国寺へ。そこから石窟庵まではシャトルバスで十五分

◇☎　八二‐五四‐七四六‐九九一三

◇ホームページ　bulguksa.or.kr

東西2カ所にかかった石造階段状の橋。上下2段をさかいに俗界と仏界にわかれる。右側（奥）が紫霞門《しかもん》、左側（手前）が安養門《あんにょうもん》に通じる

新羅《しらぎ》千年【注65】の古都、慶州（慶尚北道）は歴史・文化財の街として知られ、年中、観光客でにぎわう。その中心に位置するのが、吐含山《トハムサン》（七四五メートル）のふもとにある仏国寺。山中にある石窟庵《ソックラム》とともに一九九五年、ユネスコの世界文化遺産に指定された。ここでは、仏国寺、石窟庵、南山《ナムサン》の三カ所を順にめぐりながら、仏教都市・慶州の姿に迫りたい。

慶州の高速バスターミナルから仏国寺に向かう。車窓からは古墳公園【注66】をはじめさまざまな遺跡をすぎていくのが見える。民家の瓦屋根もいかにも古都らしい。街道にはピンクのサクラ、黄色い菜の花、紅色のツツジなど春の花が色とりどりに咲きほこっている。

筆者にとっては四十年ぶりの訪問。昔の面影がみられないほどに街中は整備されていた。仏国寺も例外ではない。当時の入口は石造りの階段前広場だったが、現在はもっと手前に参道や駐車場などができている。

石窟庵の建物をバックに記念写真をとる小学生

仏国寺は国宝七件【注67】を有するパワースポットとあって参拝者がたえない。まず目につくのが、東西二カ所にかかった美しい石造階段の橋。上下二段の橋をわたれば、俗界から仏界に入っていく。しかし残念ながら、石段をのぼることはできない。回廊に沿って左右いずれかを回れば階段の上にいかれる。

東側（右手）の白雲橋（下段）と青雲橋（上段）＝口絵6参照＝をへて紫霞門《しかもん》【注68】の先には釈迦如来の大雄殿があり、さらに盧舎那仏《るしゃなぶつ》の無説殿、毘盧遮那仏《びるしゃなぶつ》の毘盧殿、そして衆生を救済する観音菩薩をまつる観音殿へと続く《華厳世界》が広がる。

本堂にあたる大雄殿の前に配置された二基の石塔はいずれも国宝で、あまりの美しさに息をのむほどだ。高さ十・四メートル《メートル》の「多宝塔《たほうとう》」は華麗な女性美、同八・二メートル《メートル》の三重石塔「釈迦塔《しゃかとう》」は素朴な男性美をあらわすといわれる。

とりわけ多宝塔は、方形二重基壇の四面に石段をも

南山に彫られた磨崖三尊仏と四面石仏の「七仏」

うけ、その上に八角堂式の塔身に欄干をめぐらすという複雑な構造で、当時の技術水準の高さをうかがわせる。

釈迦塔と多宝塔の名称は、『法華経』に記された「釈迦如来《しゃかにょらい》が説く真理を多宝如来《たほうにょらい》が証明する」とのくだりに由来する。

一方、西側（左手）の七宝橋（下段）と蓮華橋（上段）の上に見える安養門《あんにょうもん》の先には、国宝の「金銅阿弥陀如来座像」をまつる極楽殿があり、阿弥陀仏の《極楽浄土世界》となる。

このような伽藍配置は法華経や華厳経、観音経、阿弥陀経などが入り混じった構造で、韓国仏教が総合仏教【注69】といわれるゆえんである。この特徴を仏国寺の伽藍配置にみてとれる。

木造建築物は火災などでほとんどが焼失した。現在残るのは朝鮮朝や、一九七〇年代の遺跡調査および復元工事によって再現されたものである。それでも多くの石造物が残り、今なお新羅時代の護国仏教の片鱗《へんりん》をうかがうことができるのは幸いといえよう。

仏国寺をあとにし、シャトルバスに乗ってのぼっていくと、吐含山中腹の石窟庵入口に着く。ここは修学旅行生や外国人などを乗せた大型観光バスがひっきりなしにいきかう。

駐車場から石窟庵までは山道を歩いて十分ほど。花こう岩の切り石をドーム状に積み上げた円形の主室と、方形の前室からなる。八部衆《はちぶしゅう》【注70】の神像や、四天王像、十一面観音、十大弟子など四十体近い仏像が並ぶ。いずれおとらぬ優品の石仏ぞろいである。高さ三・五メートル《メートル》の本尊・釈迦如来像は東向きに座り、朝の光が顔を照らすように造られた。

いまでは庵全体が囲いにおおわれ、韓国仏像の最高傑作とされる「石造如来座像」(高さ三・二六メートル)もガラス越しにしか見られない。それでも「新羅人のほほえみ」と呼ばれる、円満な容姿と慈愛に満ちた顔。他に類をみることができないほど崇高な美しさ――四十年前に初めて拝顔したときの感動はいささかも変わらない。

新羅人の宗教観を知るうえで重要なもうひとつのエリアが、慶州市内の南側に位置する南山(四九四メートル)。全山が花こう岩におおわれ、露出する岩石は石仏や石塔を造るのに適している。信仰の山として東西四キロ、南北八キロの山中には、石仏八十体、石塔六十基がそれぞれ点在し、寺跡も多い。いちど登れば、「屋根のない博物館」と呼ばれるのも合点がいく。

とりわけ注目されるのが、「七仏庵」近くに並んだ磨崖三尊仏と四面石仏の「七仏」。さらに三陵コースに彫られた磨崖仏の「釈迦如来座像」は高さ七メートルにもなる。

高台から見える連山を眺めていると、七～八世紀にかけて新羅が地上に再現した「仏国土」を垣間見るようだ。

注65　【新羅千年《しらぎせんねん》】紀元前五七年に斯盧《しろ》国から始まり、九三五年に滅亡。

注66　【古墳公園《こふんこうえん》】慶州高速バスターミナルに近い大陵苑が古墳群のうち最大規模。約四十ヘクタールの広さに金

冠が出土した天馬塚など二十三基が点在。いずれも王族の墓で、椀《わん》を伏せたような形をしている。もっとも大きいのが皇南大塚で東西八十メートル、南北百二十メートル、高さ二十五メートル。

注67　【仏国寺国宝七件《ぶっこくじこくほうしちけん》】①釈迦塔②多宝塔③蓮華橋・七宝橋④青雲橋・白雲橋⑤金銅毘盧遮那仏座像《こんどうびるしゃなぶつざぞう》⑥金銅阿弥陀如来座像⑦舎利荘厳具一式＝28種70余点の文化財

注68　【紫霞門《しかもん》】俗世と仏国土を結ぶ門で、この門をくぐりぬければそこは仏の住む世界である。紫霞《しか》とは仏の威徳を色あざやかに輝く光明にたとえた表現。

注69　【総合仏教《そうごうぶっきょう》】仏国寺の伽藍配置は、高いところから順に観音殿（法華経）、毘盧殿《びるでん》（華厳経）、大雄殿（法華経）、極楽殿（浄土経）と並ぶ。経典の理解を通して悟りを追求する教宗《きょうしゅう》と、実践の修行によって悟りをえる禅宗《ぜんしゅう》が融合しているのが総合仏教で、韓国仏教の特質をなす。

注70　【八部衆《はちぶしゅう》】仏教を守護する異形の神々。天部や竜神、夜叉《やしゃ》、阿修羅《あしゅら》など八神のこと。

# 第3章

# 特徴のある「9寺院」

# ビルの谷間にこころの「オアシス」

## 10

大韓仏教曹渓宗の総本山

## 曹渓寺《そうけいじ》

チョゲサ

◇創建　仏教界を統合するために力を合わせて創建した覚皇寺を一九三七年に現在の地に移転し、翌一九三八年に太古寺と称した。解放後の一九五四年、大韓仏教曹渓宗の総本山として曹渓寺に改める

◇住所　ソウル特別市鍾路区郵政局路五五

◇交通　地下鉄三号線「安国」駅六番出口、同一号線「鐘閣」駅二番出口から徒歩五分

◇☎　八二‐二‐七六八‐八六六〇

◇ホームページ　jogyesa.kr

キクまつりが開催され、境内は華やいだ雰囲気に

一般に山の中に多い他の寺院とはことなり、曹渓宗《そうけいしゅう》【注71】の総本山としてソウルの中心街・鍾路区に位置する。故宮の景福宮《キョンボックン》【注72】や文化の街・仁寺洞《インサドン》【注73】にも近い。

近隣に仏具店が軒をつらね、店頭には法衣《ほうえ》（法服）や木魚《もくぎょ》、数珠《じゅず》、香《こう》など仏教関連の品々がならぶ。

「釈迦生誕の日」（旧暦四月八日）の直前に訪れた。日本の寺院は「花祭り」の名称で祝うが、韓国では燃灯祭《ねんとうさい》【注74】と称して境内にたくさんの提灯《ちょうちん》を飾るため、花が咲いたようにはなやいだ雰囲気に包まれる。

＝口絵7参照

本堂の手前に提灯の上から顔をのぞかせているのが、樹齢五百年をかぞえる「白松」（天然記念物、高さ十四㍍）。この地域に隣接した「壽松洞《スソンドン》」という地名の由来にもなっている。

近くにたつ八角十重石塔を回りながら合掌する人々がいた。仏教で八角は「八正道《はっしょうどう》」【注75】、十重は

曹渓寺に隣接して仏具店が並ぶ

「十善法《じゅうぜんほう》」【注76】を意味するといわれる。

本堂の大雄殿には、須弥壇《しゅみだん》の中央に釈迦牟尼《しゃかむに》、左右に薬師如来と阿弥陀の「三尊仏《さんぞんぶつ》」が安置されており、参拝者がひっきりなしに出入りする。＝口絵8参照

三尊仏はいずれも高さ五・二〓《メートル》もあり、壮観である。「大きいとありがたみがいっそう増す」と感じるのは素人の浅はかな考えだろうか。

仏像にむかいながら礼拝する人、手を合わせて合掌する人、対座しながらながく瞑想する人もいる。思いおもいに礼拝する姿をみていると、自分の心もいつしかなごんでくる。

海東仏教の総本山として、境内の一角には韓国仏教歴史文化館や曹渓宗総務院、布教院、博物館、国際会議場などを設けている。大通りの向かい側にはテンプルステイ資料館や仏教関連専門書店もならぶ。

新型コロナウィルスのため一時期、全国の寺院が閉鎖された。僧侶は「こういう受難の時こそ、大乗仏教の利他心をもって共存・共助をめざす法会《ほうえ》が

八角十重石塔を回りながら合掌礼拝する人の姿も

大切」と力説する。

他の山寺と比べれば、ここは「箱庭」ほどの広さしかない。テンプルステイが限定され、プログラムもほとんどない。しかし、都会のどまん中に位置するため参拝者は連日数千人をかぞえ、外国人も少なくない。そのため、礼拝は一日四回（四、十、十四、十八時）と多い。二十四時間、門戸が開放されていることもあり、近隣にネオンのあかりが灯ってからも参拝する人の出入りはつづき、一晩中ロウソクの灯が絶えることはない。

市民にとっては大切な信仰空間であり、「こころのオアシス」であることを実感した。

注71【曹渓宗《そうけいしゅう》】韓国仏教の代表的宗派。新羅時代から伝えられてきた九山禅門が高麗末に統合されて成立。一二〇〇年に松広寺を本山としたが、現在はソウル市内の曹渓寺が総本山。

注72【景福宮《キョンボックン》】朝鮮王朝五百年（一三九二〜一八九七年）の正宮。正門の光化門、正殿の勤政殿、宴をもよおす慶会楼など見どころが多い。歴史ドラマのロケや宮廷警護の交代式などもおこなわれる。

注73【仁寺洞《インサドン》】メインストリートに韓屋茶屋などがならぶ人気スポット。

注74【燃灯祭《ねんとうさい》】旧暦四月八日の釈迦生誕を祝う祭りで、高麗時代から継承されてきた。曹渓寺周辺では盛大な燃灯行列をはじめ各種イベントがおこなわれる。

注75　【八正道《はっしょうどう》】　八聖道ともいう。修行の基本となる八つの実践徳目。正見（正しい見解）、正思（正しい思想）、正語（正しい言語）、正業（正しい行為）、正命（正しい生活）、正精進（努力）、正念（想念）、正定（精神統一）の八種。

注76　【十善法《じゅうぜんほう》】　十善戒《じゅうぜんかい》ともいい、戒律として十の正しい行為をしめしたもの。

「僧宝」で知られる三宝寺院

## 11 曹渓山 松広寺《しょうこうじ》 ソンガンサ

◇創建　新羅末期に慧麟《ヘリン》禅師が「吉祥寺」の名称で創建。松の木が多く山号は松広山。一時、修禅社と呼ばれたが、朝鮮朝の十三世紀初めに曹渓山松広寺に改称

◇住所　全羅南道順天市松広面松広寺

◇交通　順天から路線バスで一時間二十分。光州から一時間四十分

◇☎　八二‐六一‐七五五‐〇一〇八

◇ホームページ　songgwangsa.org

三宝の象徴・僧宝殿を見学するテンプルステイ参加者

美しい干潟で知られる順天湾の玄関口、順天市からバスに乗る。途中、運転手が「待ってて」と言いながら建物の中に駆け込んだ。トイレかな？　と思いきや、戻ってきて「総選挙の期日前投票が最終日のため投票をすませてきた」と説明した。乗客はなにもなかったかのように素知らぬ顔をしている。地方ならではの風景だ。

沿道にはサクラ並木がつづき、車中から花見を楽しむことができた。ほかの山寺でもそうだが、韓国にこれほどサクラが多いとは知らず、ただ感嘆するばかり。

そうするうちに、松広寺駐車場に到着。軒を並べる食堂は、週末と重なりいずれも観光客でにぎわっている。

二十分ほどで山門（一柱門）の曹渓門がみえた。正面に「曹渓山　大乗禅宗　松廣寺」「僧寶宗刹曹渓叢林」と大書されている。禅・律・講院をそなえた叢林《そうりん》としての総合修行道場であることがうかがえる。

みごとなバチさばきを披露する僧侶。袖の舞う姿が粋《いき》だ

門をぬけると、蓮の花のような峰々が寺院をすっぽり包みこむ風景が広がる。曹渓山（標高八八七メートル）は岩石が少なく温和な山といわれている。

山からの清冽《せいれつ》な水の流れが境内を洗い清めるのか、あたりには森厳《しんげん》の気がただよう。清流はやがて蟾津江《ソムジンガン》へとそそいでいく。

この渓流にかけられた「虹橋」の上にあるのが羽化閣《うかかく》。「体と心が羽のように軽くなり、天にのぼって神仙になる」との意味がこめられている。ロマンチックな言い伝えがここの景観をいっそう輝かせているようだ。

心を清めながら天王門をくぐっていく。鐘鼓楼《しょうころう》【注77】をすぎて広い空間に出ると、正面にあらわれたのが本堂の大雄宝殿。その後方の国師殿および修禅社とともに重要な仏殿である。

「曹渓山 大乗禅宗 松廣寺」と書かれた曹渓門（一柱門）

国宝の国師殿は高麗時代の一三六九年に建造され、内部に開祖の普照国師《ポジョこくし》【注78】を中心に歴代十六国師【注79】の肖像画をまつっている。松広寺が三宝寺院のひとつ、「僧宝《そうほう》」と称されるゆえんである。

松広寺の名を高めた最大の功労者が普照国師といわれる。高麗時代の一一九〇年、乱れた仏教界を浄化しようと、八公山銀海寺（慶尚北道）の居祖庵《コジョアン》（国宝）に定慧《じょうえ》【注80】結社を組織して禅堂を開いた。

一二〇〇年に現在の地に移り、曹渓山修禅社と名づける。のちに松広寺に改称してから座禅修行【注81】の伝統を確立。王室からも尊《たっと》ばれ、大本山としての寺格を有した。

修行の伝統は今日にも受け継がれ、修禅社で座禅を組むのが日課である。修行のさまたげになるとして、修禅社に外部の者はいっさい入ることができない。座禅は五十分おこなっては十分間休み、一日十時間の修行に没頭すると聞いた。

多様なプログラムが組まれる土曜日のテンプルステイは人気が高い。筆者を含めて参加者は十六人。修練館におけるミーティングで、「テンプルステイは仏教を学ぶというよりは文化体験」との説明に納得する。

夕食後、鐘鼓楼で打楽器によるパフォーマンスが演じられた。五人の僧侶が交代しながらのバチさばきは迫力満点。見る者を圧倒する。あざやかなバチさばきとともに袖の舞う姿がなんとも粋《いき》だ。通度寺、海印寺とともに「三宝寺院」におけるバチさばきはいずれおとらぬ豪快さで、一見の価値がある。

礼拝後は僧侶との茶話《さわ》会。十代から七十代までの年齢差とともに参加動機もまちまちだが、僧侶は「因縁の出会い」と強調した。

早朝の礼拝は三時半から。ねぼけまなこで本堂に入るやいなや、眠気が吹っ飛んだ。ソウルの仏教系大学の社会講座で学ぶ百人が夜を徹して参加し、法堂内がびっしり埋まっていたからだ。互いに肩を寄せあいながらの読経《どきょう》が堂内に響く。

朝食後、僧侶の案内により境内および曹渓山を散策。山の上から眺めた境内全景が美しい。清流のほとりでは太鼓のかわりにマットを叩く僧侶の姿も見られた。ダイナミックなバチさばきはこうした不断の練習からうまれるのだ。

十六庵のひとつ、「仏日庵」に寄ると、満開の山桜が咲き誇っていた。そこへ団体の参拝者が合流したものだから、一気にそうぞうしくなる。

ふと庵の壁に「黙言」（静粛の意）の張り紙をみつけ、思わず口をつぐんだ。

注77【鐘鼓楼《しょうころう》】四種類の打楽器――法鼓《ほっく》、木魚《もくぎょ》、雲版《うんぱん》、大鐘《おおがね》を保管するところ。禅寺《ぜんでら》では沈黙が基本なので、合図として使われた。

注78【普照国師《ポジョこくし》】一一五八～一二一〇年。法名は知訥《チヌル》。新羅時代からの総合仏教を継承して教禅一致を唱えたものが現在の曹渓宗に受け継がれている。『真心直説』など著書も多く、『華厳論節要』の写本が横浜市の金沢文庫に唯一現存する。

注79【十六国師《じゅうろくこくし》】国師とは王室が僧侶に授けた最高階位のこと。国の民の師または国王の師という意味で高僧につけられた。

注80【定慧《じょうえ》】禅定と智慧とをバランスよく修行していくこと。

注81【座禅修行《ざぜんしゅぎょう》】伝統的な総合仏教の流れから、修行面で公案禅、教学面で禅と華厳思想を統合した教禅一致を形成。

# 「大華厳」のメッカ 荘厳たる覚皇殿

## 12 智異山 華《け》厳《ごん》寺《じ》 ファオムサ

◇創建　五四四年、インド出身の縁起祖師が創建したと伝えられる。義相大師が華厳宗の寺院として再建したことにより華厳寺と呼ばれた

◇住所　全羅南道求礼郡馬山面華厳寺路五三九

◇交通　全羅南道の求礼から市内バスに乗り、十五分ほどで「華厳寺入口」着

◇☎　八二 - 六一 - 七八二 - 七六〇〇

◇ホームページ　hwaeomsa.com

韓国最大級の木造建築とされる覚皇殿および手前にたつ石灯篭はいずれも国宝

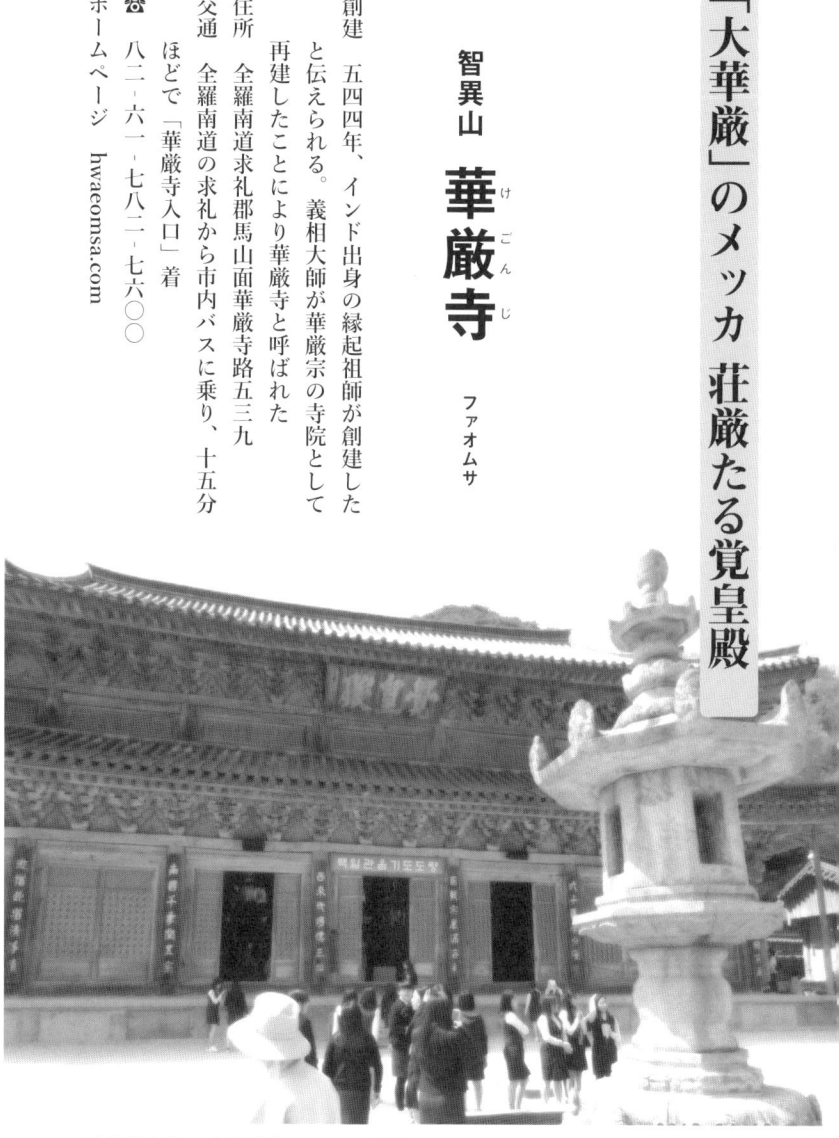

天王峰や老姑壇、般若峰といった八十を超える峰々を有する智異山《チリサン》（標高一九一五㍍）は、韓国国立公園第一号。全羅道や慶尚道、南原市、求礼郡など三道五市郡にまたがり、国内最大の規模をほこる。

古来神聖な山とされ、周辺には、双磎寺や泉穏寺、燕谷寺など古刹が多い。智異山ふもとの街・求礼が登山口で、多くのハイカーらでにぎわう。

終点の「華厳寺入口」でバスをおり、渓流に沿ってのぼり坂を進むと、「大華厳　聖地」と刻まれた石柱が出迎えてくれる。ここはまさしく「華厳宗」【注82】のメッカ。最初に渡る橋も「華厳橋」だ。

三十分ほどで一柱門に着く。そのまま直進すると、金剛門手前の左側にテンプルステイ用宿坊がみえる。担当の若い女性は、親の勧めで大学を一年間休学し、住み込みながら手伝っている。男性アイドルグループ「嵐」のファンで日本に行きたいという。

金剛門から天王門をすぎて階段をのぼったところが

テンプルステイに参加したフランス人親子も加わり、僧侶と茶話会

普済楼《ふさいろう》。僧侶や信徒らの集会所で、朝鮮朝の一六三六年に建てられた。床下の太く短い木製基壇が一定の形でないのがユニークで、素朴ながら味わいぶかい。

裏側に回り広い空間にでると、東西に二対の五重石塔が並ぶ。いずれも高さ六メートルをこす。さらに大きな石段をあがっていくと、正面に本堂の大雄殿、左手に霊山殿と円通殿、一番奥に覚皇殿など、古色蒼然たる仏殿がいならぶ光景に粛然とする。

とりわけ国宝の覚皇殿《かくおうでん》については忘れてはならない歴史がある。

六七〇年代、まずここに義相大師が丈六殿《じょうろくでん》を建立し、『華厳経』を彫り込んだ石経を四方の壁に飾ったことにより寺名を高めたといわれる。

しかし惜しいことに十六世紀末、豊臣秀吉軍の侵略「文禄・慶長の役」により木造寺院が焼かれ、石経が破壊された。今と

縁起庵にはチベット仏教の仏具・マニ車もおかれている

なっては保管されてきた残片が往時をしのばせるだけである。

なんとか再建しようと、十八世紀初めに、丈六殿の礎石をもとにして現在の覚皇殿が完成された。二階建ての仏殿は韓国最大級の木造建築といわれる規模で、どっしりと安定感がある。朝夕の礼拝は覚皇殿でおこなわれる。内部に入ると、太く曲がりくねった柱のぬくもりが歴史の年輪を感じさせる。釈迦《しゃか》、多宝《たほう》、阿弥陀《あみだ》の三如来と、観音《かんのん》、文殊《もんじゅ》、普賢《ふげん》、智積《ちしゃく》の四菩薩【注83】がまつられている。

本堂の大雄殿は一六三六年に碧岩禅師が再建したもので、祭壇中央に華厳宗の本尊である毘盧遮那仏《びるしゃなぶつ》をまつる。ここにおさめられた国宝の霊山会掛仏《かけぼとけ》【注84】は高さ十一・九メートル、幅七・七メートル、重さ二百キロにもなる大型版だ。

仏殿の前で、修学旅行らしき女生徒らが思いおもいに記念撮影をしていた。七、八人が並んでカメラに向かっては一斉にジャンプする。若い子はポーズをとるのが上手だ。

テンプルステイには、仁川から来た女性十二人と、フランス人の親子らが参加した。東京を見物してきたという娘は食事の箸《はし》づかいがうまい。

覚皇殿での礼拝には約二十人の僧侶が同席し、『般若心経』などを唱える声が堂内に響いた。翌朝、四時すぎの礼拝と朝食をすませてから、フランス人らと縁起庵まで散策。欧州では好んで歩く人が多いらしく、そろって健脚ぶりを発揮していた。

渓流に沿っていくと、鳥のさえずる声が聞こえ、智異山の清浄な空気が肌で感じられる。縁起庵は思いのほか広く、チベット仏教の大きなマニ車【注85】までおかれてあり、別世界にいるような気分に浸った。

注82【華厳宗《けごんしゅう》】大乗仏教の宗派のひとつ。韓国仏教は護国仏教の性格を有するとともに、釈迦の悟りの世界を描写した華厳教の「教宗」を中心に、禅宗などを融合しながら発展してきた。「一即一切、一切即一」の縁起を説く。日本では「奈良の大仏」で知られる東大寺が造営されてから華厳宗が広まった。

注83【菩薩《ぼさつ》】菩提薩埵《ぼだいさった》の略。悟りを求めて修行する求道者としてだけでなく、釈迦のそばにあって広く衆生の救済に努めるものを指す。33の姿に化身するといわれ、仏像の種類は多数。

注84【掛仏《かけぼとけ》】天災時や祈雨祭など国家次元の法会《ほうえ》の際、儀式を野外でおこなうときに使われた。一種の大型仏画で、華厳寺のものは霊鷲山で説法するブッダや菩薩、四天王などが描かれている。

注85【マニ車《ぐるま》】チベット仏教でもちいられる仏具で、「摩尼車」と書く。別名、如意宝珠《にょいほうじゅ》とも呼ぶ。円筒形の部分を右回り（時計回り）に回転させると、内部に納められた経文やマントラ（真言）を唱えるのと同じ功徳を積むといわれる。

世の多くの真理は永遠に存在するのではない。
ただ永遠なものであると想像するだけである。

（経典『スッタニパータ』）

# 三階法堂「弥勒殿」に圧倒され

13

## 母岳山 金山寺《きんざんじ》 クムサンサ

◇創建　百済の五九九年に建立。かつて母岳山で砂金が採れたことから金山寺という寺名に。七六六年、真表律師が再興したのを契機に弥勒信仰道場としての名を高めた

◇住所　全羅北道金堤市金山面母岳一五路一

◇交通　全羅北道の全州バスターミナルから「金山寺」行に乗り約四十分

◇☎　八二 - 六三 - 五四八 - 四四四一

◇ホームページ　geumsansa.org

韓国唯一の三階法堂「弥勒殿」（国宝）。高さ十二・七㍍もあり、荘厳さがただよう

「食の都」「伝統芸能の故郷」などと称される全州市からバスで「金山寺入口」へ。ここのテンプルステイは体験者の満足度が高いとの評判を聞いたので、期待しながら週末に予約を入れた。

駐車場から歩いて一柱門までは十五分ほど。太い柱でがっちりした構えの一柱門をへて解脱橋《げだつばし》をわたり、金剛門、天王門、普済楼《ふさいろう》を抜けると空間に出る。すぐ目に飛びこんできたのが「弥勒《みろく》殿」。韓国唯一の三階法堂は高さが十二・七メートルと迫力があり、国宝に指定されている。装飾性がすくないだけ荘重感がただよう。

各階に扁額《へんがく》がかけられ、一階に「大慈《だいじ》宝殿」、二階に「龍華之会《りゅうげのえ》」、三階に「弥勒殿」と大書されている。

内部に入ると吹きぬけになっており、天井までの高さにあわせて造られた弥勒三尊仏に圧倒される。

天井まで吹き抜けの弥勒殿内部。そのスペースいっぱいにたつ弥勒三尊仏の迫力に圧倒される

中央の弥勒像が高さ十一・八二メートル、左右の法華林《ほっけりん》および大妙相《だいみょうそう》菩薩は八・七九メートルと大仏がな

らぶ。最大のパワースポットだけに参拝する人があとをたたない。

韓国の弥勒信仰は昔から盛んだったらしい。朝鮮朝後期の十七世紀には、仏教の社会的地位向上と両班《ヤンバン》地主層の経済的成長を反映して、各地の寺院に大規模な仏殿が建てられた。代表的な多重建築として、ここの弥勒殿と、華厳寺の覚皇殿《かくのうでん》、法住寺の捌相殿《はっそうでん》があげられる。

テンプルステイ参加者は、小学校の女性教師二人、男子学生二人、定年退職した夫婦、筆者の計七人。宿坊は極楽橋をわたった離れにあり、かつて僧侶の修行道場だったところ。二十畳ほどの広い部屋を大学生とともに三人で使った。

オリエンテーションで五体投地の礼拝方法をまなぶ。木魚叩きは初めての体験。なぜ形が「サカナ」なのか？「いつも目を開けっぱなしの魚にならい、眠らずに修行にうちこめるようにとの願いから」と説明された。

本堂の大寂光殿には華厳教の毘盧遮那仏を本尊に五如来・六菩薩の十一体をまつっている

梵鐘閣では各自三回ずつ大鐘を突かせてくれた。突いてみると体内にまで「ボ〜ン」と響き、おだやかな音色に心がやすらぐ。

続いて打楽器によるパフォーマンスを鑑賞して本堂の大寂光殿へ。弥勒殿の左斜めに位置する、広い法堂《はっとう》には、五如来《にょらい》と六菩薩《ぼさつ》のあわせて十一体の仏像が並んだ。これだけ勢ぞろいしていると、願いごとのひとつでも叶えてくれそうな気がしてくる。

礼拝後は百八個の玉をつなぐ数珠《じゅず》つくり。五体投地法による礼拝をするたびに玉を一個ずつ糸につないでいく。自分の好きな仏殿で礼拝をしてよいというので、弥勒殿を選んだ。「百八拝」と呼ばれる方法をつづけると、しだいに体が汗ばんでくる。こうして完成したものはオンリーワンの記念数珠となる。

ここのテンプルステイ自慢のひとつが僧侶との茶話会。日が傾きかけたころ、参加者全員がマキをくべたオンドルの焚口《たきぐち》を囲み、アルミホイルに包んで焼いたホカホカのジャガイモに舌鼓をうつ。

ねんごろなおもてなしに話もはずみ、若者からは「悟りとはなにか」といった率直な質問があいついだ。

二日目の昼食後、バス停まで学生ひとりに同行していく。「兵役を終えて復学するまで各地を回っている」とのこと。ここから木浦に行き、船に乗って済州道に向かう予定だ。若いときの旅はきっと人生のこやしになるにちがいない。

霊験あらたかな「三大観音」

## 14 五峰山 洛山寺《らくさんじ》

ナクサンサ

◇創建　六七一年、韓国華厳宗の祖・義相大師が、観音菩薩の仏舎利が洛山東方の海岸洞窟にあると聞き、そこで勤行《ごんぎょう》する際に現れた観音菩薩の導きにより断崖に仏堂を開創したという
◇住所　江原道襄陽郡降峴面洛山寺路一〇〇
◇交通　江原道東海岸の東草バスターミナルから十五分ほどで「洛山寺入口」
◇☎　八二 - 三三 - 六七二 - 二四一七
◇ホームページ　naksansa.or.kr

大海絶壁にたつ紅蓮庵《ぐれんあん》。狭い庵内では読経《どきょう》とともに打ち寄せる波の音がここちよく響く

江原道東海岸の海はのどかな風景がひろがる。しかし一方で、軍事境界線に近いことから時おり大勢の海軍部隊兵士らを見かけるや、緊張感が走る。

雪岳山の登山口でもある束草から市内バスに乗って洛山寺へ。霊験あらたかな三大観音聖地【注86】のひとつとして名をはせているだけに、観光客や参拝者がたえない。日本からも団体でよく訪れるらしい。

坂道をのぼると、アーチ形の立派な石造門、虹霓門《こうげいもん》【注87】が出迎えてくれる。そこをくぐった境内は広大だ。僧侶は十人ほどだが、敷地を管理する人が五十人にものぼるとのこと。

よく整備された参道には、樹齢百年のナシの木や、カキ、クリ、コスモスなどがならぶ。食卓にも果物が登場し、秋の味覚を楽しませてくれた。テンプルステイ参加者は十五人ほどで女性が圧倒的に多い。

洛山は、観音菩薩《かんのんぼさつ》【注88】が住むというインドの「補陀洛山」（ふだらくせん）【注89】に由来する。

「義湘台」前で記念写真を撮る小学生たち。ここからの絶景がすばらしい

礼拝がおこなわれるのは、本堂である円通宝殿《えんづうほうでん》、さまざまな観音像をまつる宝陀殿《ほうだでん》、そして紅蓮庵《ぐれんあん》の三カ所。いずれも離れた場所にあるため、朝昼夕に一カ所ずつまわることにした。

もっとも印象的だったのが紅蓮庵。入口の前は大海が果てしなく広がるが、絶壁の上にたつ庵は七～八人しか入れない狭い空間である。僧侶がたたく木魚にあわせた読経とともに、打ち寄せる波の音がここちよく響く。

床に設置された小さなのぞき窓に首を入れて願いごとをいくつか唱えれば、ひとつは叶うらしい。耳元で「信じることが大切」と強調する僧侶のことばに、その気になってくる。

二〇〇五年、襄陽《ヤンヤン》郡一帯で起こった山火事により多くの仏殿が焼失したが、紅蓮庵の手前で鎮火したという。創建者である義相大師の功徳だろうか。

その後、朝鮮朝の有名な画家、金弘道《キムホンド》【注90】が描いた「洛山寺図」および発掘調査にもとづき、朝鮮朝前期の姿に復元されたのはさいわいだった。

義相が座禅をしたという場所に設置された「義湘台」は、絶壁にたつ紅蓮庵や広大

高さ17㍍の観音菩薩像（別名・海水観音像）は高台にあり、大海をみおろす

な海などの絶景がのぞめる撮影スポットだ。おりしも、参拝に来た小学生たちがそろって記念写真を撮っていた。

一番の高台にある観音菩薩像（別名「海水観音像」）は高さ十七メートルもあり、東海（日本海）の大海原をのぞむ姿には迫力がある。

海水観音像は夜間にライトアップされる。高台にあるため、境内のいたるところから眺められ、闇の中に浮かぶ観音像はいちだんと神々《こうごう》しい。

早朝、海水観音像の前に、ご来光を拝もうと人々が集まった。真っ赤な太陽が姿をあらわすにつれ、海水観音像もあかみをおび、荘厳さを増していく。広大な大海原からのぼる太陽からのパワーは格別なのかもしれない。

注86【三大観音聖地《さんだいかんのんせいち》】江原道の洛山寺、江華島の普門寺、南海の菩薩庵の三カ寺は願いごとを叶えてくれることで名高い。麗水の向日庵を加えて四大観音聖地とも呼ぶ。いずれも海に向かって大きな観音像がたつ。

注87【虹霓門《こうげいもん》】一四六七年、朝鮮朝第七代国王の世祖が訪れるのを記念し、近隣の二十六村から石を持ちよって築いたという。

注88【観音菩薩《かんのんぼさつ》】菩薩はもともと修行中のブッダを意味したが、大乗仏教では衆生《しゅじょう》のさまざまな願いご

とを救うため、地蔵菩薩や弥勒菩薩など多くの菩薩が誕生した。韓国で一般に観世音菩薩《かんぜおんぼさつ》とよばれる観音菩薩は、慈悲深く現世利益と結びついて人々の苦悩を救うため、広く信仰されている。

注89【補陀洛山《ふだらくせん》】南インドにあると信じられている観音菩薩の浄土。中国では、この名にちなんだ普陀《ふだ》山《さん》と五台山《ごだいさん》、峨眉山《がびさん》を三大仏教名山と称する。『華厳経』によると、善財童子がそこにおもむいて観音に拝謁したという。

注90【金弘道《キムホンド》】十八世紀後半、英祖王時代の画家。農夫や相撲、舞童など庶民の生活を描いた風俗画で新しい境地を開いた。

# 雄大な自然美の中に祈りの空間

## 15 雪岳山 新興寺《しんこうじ》 シヌンサ

◇創建　六五二年に慈蔵律師が「香城寺」を創建。火災に見舞われ高僧義相が再建して「禅定寺」に変更。十七世紀に再び被災し三僧侶が祈願するや、「永遠に栄えよ」とのご託宣があり「神興寺」にあらためた。一九九五年、嶺東仏教を新たに興す意味から「新興寺」に改称
◇住所　江原道東草市雪岳洞一七〇
◇交通　東海岸の東草バスターミナルから「雪岳洞駐車場」まで約四十分
◇☎　八二‐三三‐六三六‐七〇四四
◇ホームページ　sinheungsa.kr

継祖庵の洞窟内にまつられた釈迦如来座像。雰囲気があまりにも神々《こうごう》しい

韓国の登山者にもっとも人気のあるのが江原道の雪岳山。約四百平方キロの広大な国立公園は、最高峰の大青峰（一七〇八メートル）をはじめ、雄々しくも麗しい山々や渓谷が自然の美を織りなす。

花こう岩でできた峰々が雪のように白いことから、「雪岳」と名づけられた。その登山口が新興寺である。

東海岸の港町・束草市からバスで山側にむかえば、終点の駐車場に着く。紅葉シーズンとあって、満杯のクルマや登山服姿の人々でごったがえしていた。参道を進むと、リュックを背負った人々と次々にすれちがっていく。

二十分ほどでテンプルステイ事務所へ。宿泊者は大邱から初めて来たという二人連れを含めて五人。十五夜の秋夕《チュソク》【注91】がちょうど先週だった。そのとき、プログラムの一環としてソンピョン（日本の月見団子にあたる菓子）づくりをしたらしく、おやつに提供された。

ここから本堂の極楽宝殿までは少し離れている。途

新興寺境内の周囲に広がる雪岳山

中、統一を祈願するためにつくられた青銅座像大仏がデンと控えている。高さは約十九メートル。その前を通るたびに合掌していくよう教えられた。地下にも特別な礼拝所がある。

翌朝三時すぎ、本堂に行こうとすると、ホタル群のような光るものが下の方から近づいてきた。よくみると、ふもとに宿泊した登山者らの電灯だった。長い行程の雪岳山を踏破するため、こんなにも早くから登ってきたのだ。それにしてもすごい行列で、韓国人の登山好きをあらためて実感する。

雪岳山にはさまざまなコースがあり、見どころが多い。寺院から東南方向の飛龍滝コースに行くと、奇岩奇峰が多く、つり橋や紅葉の間をぬって滝が流れるさまは金剛山【注92】の景観をほうふつさせる。それもそのはず、同じ山系であることを思いだした。

次に、北側の有名な「揺れ岩」までのコース（三キロ）に向かう。雪岳山全体が巨岩からなり、ロッククライ

統一を祈願するためにつくられた青銅座像大仏の高さは19メートル。登山者も合掌していく

ミングのルートがあちこちにみられる。揺れ岩は巨岩の上に直径四㍍ほどの岩が乗っており今にも転げ落ちそうだが、押してもびくともしない。

その隣に並んだ巨岩の継祖庵石窟【注93】の岩肌には「神通第一羅漢石窟」と大書されている。数ある庵のひとつだが、霊験の力を信じる参拝者がたえないらしい。実際、内部に入っておどろいた。

岩をくり抜いたなかは奥のほうに釈迦如来座像をまつっており、あたかも慶州の石窟庵に似た感じの雰囲気につつまれている。あまりの神々《こうごう》しさに、一緒にいた外国人が何度もシャッターを切っていた。

標高一二四四㍍に位置する鳳頂庵は五大寂滅宝宮のひとつで、慈蔵律師が建てたといわれる。五重石塔の舎利塔が特色で、参拝者に深い感銘を与えずにはおかない。ここまで足を運べば、「雪岳山全体がひとつの仏国土」とよばれることに納得がいくだろう。

注91【秋夕《チュソク》】旧暦の八月十五日、つまり十五夜満月のこと。日本の「お盆」にあたり、多くの人々が帰省して家族とともに墓参りする。

注92【金剛山《こんごうざん》】太白山脈に属する名山で、かなり広い地域にまたがる。東海岸の南北境界線を北朝鮮側

に入ったところが有名な名勝地とされる。

注93【継祖庵石窟《けいそあんせっくつ》】七世紀半ば、慈蔵律師が新興寺とともに、修行の場として岩をくりぬいて建立。この岩窟において慈蔵、東山、鳳頂の三祖師が修行し、時代を超えて義相、元暁大師ら高名な僧侶らに継承された。そのため「継祖庵」と呼ばれたらしい。

人として生まれまた死ぬべきであるならば、
多くの善をつむべきだ。
徳のある人々の香りは、
風に逆らっても進んでいく。
道に捨てられたごみの中から
香《かぐわ》しく麗《うるわ》しい
蓮華が生ずるように。

（『ブッダの真理のことば』）

# 唯一現存する百済様式の寺院

16

## 徳崇山 修徳寺《しゅうとくじ》

スドクサ

◇創建　百済の威徳王時代（六世紀後半）に創建されたと伝えられる。唯一現存する百済時代の寺院
◇住所　忠清南道礼山郡徳山面修徳寺内路七九
◇交通　忠清南道の礼山バスターミナルから「修徳寺入口」まで一時間ほど
◇☎　八二‐四一‐三三〇‐七七八九
◇ホームページ　sudeoksa.com

徳崇山を背景に、もっとも高いところにたつ高麗時代の大雄殿。貴重な百済様式の仏殿で国宝に指定。手前に三重石塔、一段下に金剛宝塔が並ぶ

「忠清南道のどまん中」をキャッチフレーズにした礼山《イエサン》からバスに乗り、終点の「修徳寺入口」で下車。周辺にはたくさんの店が並び、門前町としてにぎわう。

そこから歩いて二十分ほどで一柱門に着く。門の両側には、如意珠《にょいじゅ》を口にくわえた一対の竜が頭を突き出している。めずらしい光景だ。

やや進んだところに石造りの階段があり、「高麗時代に造られたもの」と説明を聞きながら踏みしめると、どっしりとした重量感にさらに歴史の重みまでくわわった。

そこをのぼれば、金剛門、四天王門、聖宝博物館と一直線に続いていく。ひらけた空間に出ると、金剛宝塔がたち、さらに上段に高麗時代の三重石塔、奥に徳崇山をバックにした大雄殿が見える。

この大雄殿は高麗時代の一三〇八年に建てられた百済様式の木造仏殿として貴重なもの。国宝に指定されている。簡素ながらも幾何学的な美しさで知られ、内部の梁《はり》と屋根の垂木《たるき》の構造がすばらしいとの評価が高い。

この大雄殿を背にして前方を見わたせば、北方向に伽倻山、西に烏棲山、東南に龍鳳山が屏風《びょうぶ》のようにつらなる雄大な眺望に感嘆せざるをえない。

「本堂の孤を描いた屋根など建物全体をまず見ること。

定慧寺に向かう山道に安置された四面石仏（レプリカ）。百済時代の優美な造形美が楽しめる

次に本堂を背にして釈迦がつねに眺める風景を味わうことが大切」と、僧侶が教えてくれた。今、眼前に広がる眺望こそまさしく釈迦の見通す世界なのだろうか。

本堂内に入ると、照明設備はいっさいなくうす暗い。ろうそくだけが灯されるなかでの礼拝は、いつにもまして敬虔《けいけん》な雰囲気がただよう。壇上には釈迦、薬師、阿弥陀の三尊仏を安置している。

国立公園である泰安《テアン》半島を中心に西海岸地域は、中国の文物や仏教文化が流入する重要なルートであった。このように恵まれた地理的条件から類推して、創建当時、大伽藍だったことは想像にかたくない。今では唯一の百済寺院といわれる。

朝鮮朝末期、修徳寺の発展に貢献したなかで二人の僧侶の存在が欠かせない。鏡虚《キョンホ》禅師（一八四九〜一九一二年）は禅修行の基礎を築いて低迷した仏教界に禅風をふるいおこし、あとを継いだ満空《マンゴン》禅師（一八七一〜一九四六年）が多くの子弟をはぐくむことに尽力した。

禅の修行をする気風が受けつがれてきたことが評価され、一九八四年に徳崇叢林《とくそうそうりん》に

満空禅師が造ったとされる磨崖仏「観音菩薩立像」。高さは約8メートル

昇格。僧伽大学《そうぎゃだいがく》【注94】などを運営している。

早朝、観音菩薩立像をまつる観音岩からのぼって徳崇山を散策すると、四面石仏が山道に安置されていた。四つの面に一体ずつ座像、立像が彫刻され、深く刻まれた衣紋《えもん》が美しい。六世紀から七世紀にかけた百済時代の貴重な造形物らしく、珍しい宝物を見つけたようでこころが弾んだ。ただし、ここにあるのはレプリカで、本物は聖宝殿に展示されている。

さらに進むと、今度は高さ八㍍近い観音菩薩立像がみえた。満空禅師がつくったものらしく、その先に満空禅師をたたえた球形浮屠《ふと》があり、ハングル文字で「満空塔」と記されている。「百八」ならぬ「千八十」段の石段が定慧寺までつづく。禅寺として知られ、そこまで足をのばしたが、あいにく夏の安居期間（旧暦の四月十四日〜七月十五日）の修行中で、中に入ることは許されない。近隣の寺院から二百人を数える僧侶が集まっているとのこと。

内部の見学はできなかったものの、山道はよく整備され、頂上からの景観はパノラマ状に山並が広がる。「湖西の小金剛」と称される絶景に、気分も爽快！

注94【僧伽大学《そうぎゃだいがく》】仏教系大学で僧侶の育成機関。京畿道の金浦市に中央僧伽大学があり、ソウルおよび慶州にある東国大学校の場合は一般学生も在学する。また、尼僧の教育機関として東鶴僧伽大学が設置された。

韓国文化に関心高い外国人に人気

## 17 金井山 梵魚寺《ぼんぎょじ》 ポモサ

◇創建　統一新羅の六七八年、義相大師が華厳十刹《けごんじゅっさつ》のひとつとして創建。梵魚寺と金井山の名称は「天上界に住む梵天という魚が金色の井戸におりてきて遊んだ」ことに由来する

◇住所　釜山広域市金井区梵魚寺

◇交通　釜山地下鉄1号線「梵魚寺」駅からバスで十五分

◇☎　八二 - 五一 - 五〇八 - 五七二六

◇ホームページ　beomeo.kr

曹渓門（一柱門）の石柱は太く丸みをおび、どっしりとしたおおらかさで参詣者を迎えてくれる

釜山市北端の地下鉄「梵魚寺」駅七番出口から裏道にまわれば、バス停がみえる。車中はリュックを背負った登山客で埋まった。金井山（標高八〇一・五㍍）が人気であるようだ。

「梵魚寺入口」で下車。分岐点で登山者とわかれて右手に進むと、一柱門に着く。

中央部が太く丸みをおびた四本の石柱はめずらしい。華やかな丹青《たんせい》【注95】の木造部分と石造台座のどっしりとしたおおらかさで参詣者を迎える。「曹渓門」の扁額《へんがく》とともに「禅刹大本山　金井山梵魚寺」と大書されている。

曹渓門をくぐると、急こう配の階段があり。段差をつけて天王門、不二《ふに》門、普済楼《ふさいろう》、大雄殿《だいゆうでん》が一直線上につづく。

境内には外国人の姿がめだつ。テンプルステイの参加者もノルウェー、スペイン、ハイチ、香港、日本、韓国の六カ国七人（男四、女三）と国際色豊かなメンバー

食事の作法を鉢盂供養《パルウコンヤン》と呼ぶ。修行の一環として法供養とも称される

である。

担当者がつきっきりで英語の通訳をしてくれることから、韓国文化に触れたい外国人希望者が増えていると聞いた。ここのテンプルステイは土・日曜日だけ。

僧侶ふたりの指導により合掌《がっしょう》や礼拝などの作法について学ぶ。「手をあわせて合掌する姿はだれもが美しい」と強調しながら、門や仏堂を出入りする際にはかならず合掌することをすすめる。

続いて座禅の時間。参加者は体験したことがあるのか、すんなりと瞑想の世界に浸っている姿は意外だった。

境内の仏堂は山の傾斜にそって配置され、立体的な雅趣に富む。本堂の大雄殿右手には観音殿、毘盧《びる》殿、弥勒《みろく》殿がならび、前方に統一新羅時代の三重石塔がたつ。僧侶の養成機関である僧伽《そうぎゃ》大学を擁《よう》する。

仏教で食事のことを供養《コンヤン》といい、その作法を鉢盂供養《パルウコンヤン》【注96】と呼ぶ。修行

金井山の北門出入口。韓国有数の山城で、石積みされた塀がつづく。かっこうのハイキングコースだ

の一環として「法供養」とも称される。一般にはセルフサービスの食事スタイルをとる寺院が多いなかで、今回、「鉢盂供養」を初めて体験できたのは幸運だった。

布巾《ふきん》に包まれた四つの椀《わん》と木製の箸《はし》およびスプーンを取り出して自分の膳に並べる。

「バシッ！」。

僧侶がしっぺい（竹の棒）を打つ音を合図に、精進料理【注97】のごはん、汁、おかずを順に回しながら自分の碗《わん》によそっていく。食後に洗って片づけるというのが一連の手順だ。

翌朝の食後、十カ所ある庵のうち、東側に位置して朝日がみられることから命名された「鶏鳴庵《けいめいあん》」に参加者全員でのぼった。庵からは周囲の山に囲まれた梵魚寺および釜山市内をのぞむことができる。

宿坊の前が登山コースなので、テンプルステイ終了後、単身で金井山に登ってみた。韓国有数の山城がみられる金井山には東西南北に城門があり、そのひとつ北門をめざす。

四月半ばの新緑は芽吹きが美しく、すがすがしい。上の方に進むにつれ、薄紅色のツツジがふえていく。家族連れが多く、釜山市民にとってかっこうのハイキングコースである。

一時間ほどで北門に着いた。左右の東西方向に石積みされた城壁が伸びている。

案内板には、「一八〇八年、住民たちが柱や梁《はり》を運んで積んだ石城で、装飾はほどこされていない。四門のうちもっとも素朴である」と記されている。

朝鮮通信使が海をわたって日本に行く際にはここで海神祭をおこなったらしい。村人たちが精魂込めて築いた古城には、懐かしさがただよう。

注95【丹青《たんせい》】宮殿や仏堂など伝統的な建築物におもにつかわれる五色（青・赤・黄・白・黒）のこと。陰陽五行思想をもとに韓国を象徴する彩色は華麗で美しい。

注96【鉢盂供養《パルウコンヤン》】食事をする行為で修行の一環。食事中は無言が原則。

注97【精進料理《しょうじんりょうり》】精進とは、戒律を守り正しいおこないをするためにひたすら努力すること。戒律に「生命を殺さない」とあるため、肉を使わずに野菜や穀物、豆類を材料にする。ただし、ニンニクやネギ、ニラといった精のつく食材は避ける。

どの方向に心でさがし求めてみても、
自分よりも愛《いと》しいものを
どこにも見いださなかった。
そのように、他人にとっても、
それぞれの自分自身が愛《いと》おしいのである。
それゆえに、自分のために
他人を害してはならない。

（『ブッダの感興のことば』）

# 境内のいたるところに鳳凰信仰

## 18 八公山 桐華寺《とうかじ》 トンファサ

◇創建　新羅の四九三年、極達大師が創建し瑜伽寺と称した。八三二年に心地大師が再建する際、冬にもかかわらず桐の花が美しく咲いたので「桐華寺」にあらためる
◇住所　大邱広域市東区桐華寺一路一
◇交通　東大邱バスターミナルから「桐華寺」まで約四十分
◇☎　八二 - 一〇 - 三五三四 - 八〇七九
◇ホームページ　donghwasa.net

寺の守護神「竜頭」が境内のあちこちで見られる

慶尚北道の八公山（標高一一九二㍍）周辺には銀海寺や元暁寺、観光客に人気の冠峰如来座像《かんぼうにょらいざぞう》など祈りの場が多い。桐華寺はその中腹にある。

入口は二カ所あり、西側の大きな鳳凰《ほうおう》【注98】門からは観光バスがゆきかい、大勢の参拝者が出入りする。南側の鳳凰門が本来の一柱門《いっちゅうもん》であるものの、現在、こちらから参拝する人は多くない。

しかし、一柱門前に彫られた磨崖仏座像《まがいぶつざぞう》は一見の価値がある。新羅時代の九世紀に心地大師が彫ったものと伝えられ、慈愛に満ちたやさしいほほえみが見る者の心をなごませてくれる。

一方、西側の大門から坂をのぼっていくと案内所があり、日本語のできるガイドが親切に教えてくれるのでありがたい。

一柱門のことを別名「鳳凰門」と称するように、境内の随所に鳳凰信仰がかいまみられ、鳳凰との少なからぬ縁を実感できよう。本堂である大雄殿前の楼閣は「鳳棲楼《ポンソル》」と呼ばれ、桐の木に巣をつくる鳳凰のシンボルとなっている。

楼閣にのぼる階段におかれた大きな石は

八公山をバックにそびえたつ「統一薬師如来大仏」。高さ33㍍もある

鳳凰のしっぽ、丸い石は卵をあらわし、大雄殿の天井には鳳凰が描かれている。「真心こめて祈れば、鳳凰が飛び立つように極楽世界に行くことができる」と教えられた。

大雄殿には釈迦牟尼《しゃかむに》と阿弥陀《あみだ》、薬師如来《やくしにょらい》の三尊仏をまつっている。また、丸彫りにした鳥を天井からつるすとともに、天蓋《てんがい》から竜頭が出ている風景は珍しい。

一柱門の近くには、高さ三十三㍍の「統一薬師如来大仏」がたつ。南北統一を祈願するため一九九二年に建立された。大仏前に並ぶ二基の石塔とあわせて、いまやこの寺の中心空間をなす。

大仏の地下には仏教文化館を設け、韓国仏教の歴史や禅に関する資料を展示するとともに、座禅や茶道の体験コーナーもある。豊臣秀吉による朝鮮侵略、文禄・慶長の役（壬辰倭乱）に際して、松雲大師がここに「嶺南僧軍司令部」を設置したことから、大師の真影や遺品なども残されている。

宿坊は独立した感じでやや離れているものの、本堂までの林道は散歩するのに手ごろな距離である。

ここで知りあった五十代の男性医師は五年前に長男を交通事故で亡くした。もともとクリスチャンだった

本堂の大雄殿内にまつられた三尊仏。真心こめて祈れば、鳳凰が飛び立つように極楽世界に行けるという

が、深い悲しみをいかんともしがたく、思いきって寺院を訪ねた。テンプルステイをしながら祈りを重ねるうちに気持ちがおちつき、三カ月間の休暇をとるなど、それまでの生活が一変したという。

早朝に山を散策。薬水庵の方からのぼって行く。新緑がかがやき、肌に触れていく風がここちよい。どこまでも続く松林、峰々のつらなりから八公山のふところの深さを感じる。

この日、境内には参拝者のみならず、僧侶の姿がめだった。尼僧も少なくない。聞けば、参禅修行「安居《あんご》」の始まる日（旧暦四月十五日）で、周辺地域の寺々から集まってきているとのこと。同僚と再会する喜びか、それともこれから続く釈迦との対座を控えてか、僧侶たちの顔はみな嬉々《きき》としているように見えた。

注98【鳳凰《ほうおう》】　縁起が良いと考えられた、想像上の瑞鳥《ずいちょう》。古来中国で麒麟、亀、竜とあわせた「四瑞」として尊ばれた。仏教とともに日本に伝来し、聖徳太子時代に、めでたいしるしの瑞祥《ずいしょう》文様として用いられるようになった。梧桐《ごとう》（別名あおぎり）の木に宿り、鳳は雄、凰は雌とされる。

# 【韓国仏教の略史】

## ① 序章――仏教の誕生（紀元前五世紀〜）

「シャカ」とは古代北インドの部族シャーキヤ族の漢訳「釈迦」をさす。釈迦がその部族の王子だったころはゴータマ・シッダールタと名乗り、後日、仏教の開祖としてブッダ（仏陀＝覚者の意）、釈迦牟尼《しゃかむに》、釈尊《しゃくそん》などとよばれる。

紀元前五世紀にルンビニで生まれた釈迦は、悟りを開いてから八十歳ごろになくなるまで各地をまわりながら教えを説いた。

死後、数百人の弟子たちが集まりその教えをまとめたのが経典である。二千五百年にわたりさまざまな形で伝えられた結果、経典および注釈類はぼう大な量にのぼった。

これらの経典がインドから中国へ伝わるのに、中央アジア（西域）のシルクロード（絹の道）が大きな役割をはたした。いくつかのルートのうち重要なのが、北の天山《てんざん》山脈と南の崑崙《こんろん》山脈にはさまれた広大なタクラマカン砂漠の南北端をたどる「西域《さいいき》南道」と「西域北道」である。

南道にはホータンやニヤ、北道にはクチャやトルファンなどのオアシスが点在し、仏教国として栄えた痕跡が残る。両道は、井上靖の小説で有名な『敦煌《とんこう》』の近くで合流し、重要な関所だった玉門関をへて中国に入っていく。

ところが、中央アジアのオアシス国家ではインドのサンスクリット語やパーリ語、さらにはガンダーラ語などさまざまな言語がつかわれ、漢訳者の多くが中央アジア出身だったことを考えれば、インド仏教が中央アジアを経由する過程でかなり変容しながら伝わったとみられる。有名な『西遊記』に登場する三蔵法師のモデルとなった玄奘《げんじょう》のように、シルクロードを通じてインドに旅し、直接仏典を求めた僧侶もいた。

いずれにせよ、シルクロードの中国側の入口である敦煌が仏教とであう重要な拠点であったことは疑いない。仏教美術の宝庫として世界的に名高い敦煌の莫高窟《ばっこうくつ》では、壁画や仏像を制作するための洞窟が千年にわたって何カ所も掘られた。ながいこと砂漠の砂に埋もれていたことがさいわいし、二十世紀初めに発見されたときは傷《いた》みが少なく、大量の仏教文書が日の目をみることとなった。

このように仏教は中央アジアのさまざまな民族と交流するなかで重層に展開しながら伝わった。その多様性にこそ、他の宗教にはない魅力が潜んでいるといわれる。

中国に仏教が伝わったのは紀元前後とされるが、独特の表意文字である漢字に翻訳する「訳経」作業は容易なことではなかった。試行錯誤を繰り返すなかで多くの漢字経典が登場してくる。数世紀の時をへて、中国で成立した「漢訳大蔵経」が同じ漢字文化圏である朝鮮半島や日本列島に伝わった。

ここでは、高句麗、百済、新羅の古代三国および高麗、朝鮮朝、近代の順に北伝仏教のあらましについて紹介したい。

## ② 朝鮮半島への伝来（四世紀〜）

朝鮮半島に仏教が伝来したのは高句麗、百済、新羅の古代三国時代。王権の強化や中央集権的な統治体制の整備を推進するうえで仏教が大きな役目を担った。

### 高句麗

中国の東北部に隣接した関係上、古代三国のなかでもっとも早く仏教が伝来した。『三国史記』によると、三七二年、（中国）北朝の前秦から僧侶順道が派遣され、高句麗に仏像と経典をもたらした。この時が国家公認による最初の受容とされるが、民間ルートではそれ以前に伝わっていたともいわれる。

仏教の伝来により、律令を制定するなど国家体制を整備するとともに、寺院を創設して民衆に仏教を信仰するようすすめた。

七世紀前後には、聖徳太子の師として知られる慧慈《えじ》や、曇徴《どんちょう》ら高句麗出身の僧侶らが来日し、日本仏教の開創《かいそう》に少なくない役割をはたした。

## 百済

古来、日本の福岡と韓国の釜山間を人々が行きかったように、中国へも点在する島々を伝っていけば山東半島の威海や煙台にも容易にたどりつくことができる。当時の仏教交流を示すものとして、西海岸の泰安半島（忠清南道）にのこる瑞山三尊石仏《さんぞんせきぶつ》や泰安磨崖《まがい》三尊石仏などがあげられよう。千四百年前、山東半島の磨崖仏などから影響を受けて造られたものといわれる。

『三国史記』によると、三八四年、中国・江南の東晋から西域僧の摩羅難陀《まらなんだ》が来朝し経典を伝えたことが百済の仏教公伝とされている。重要なのは、東晋仏教の戒律を重視する気風がそのまま百済仏教にも受け継がれた点である。

六世紀初め、百済の僧・謙益が海路によって天竺《てんじく》（現在のインド）に初めて直接留学し、「律」（経・律・論の三蔵のひとつで、戒律関係の聖典）の原典を持ち帰って翻訳した。中国の漢訳経典ではなく、インドで直接学んだことが、戒律を尊《たっと》ぶ今日の韓国仏教の基礎を築いたといえるかもしれない。

『日本書紀』によると、五三八年に百済から日本に経典や仏像などが贈られた。これが日本の仏教公伝とされる。その後も、日本に僧侶や技術者を派遣するとともに天文書や暦本などをつたえた。

日本最初の比丘尼《びくに》（尼僧）である善信尼《ぜんしんに》らが受戒のため百済に留学した史実などは百済の戒

律重視を示すことにほかならない。

六六〇年に百済が滅びると、僧侶ら多数が日本へ亡命した。大阪の難波百済寺などはその当時に創建されたものである。

## 新羅

『三国史記』によると、新羅の民間レベルでは高句麗から仏教がすでに流入していたらしい。法興王時代の五二七年、家臣たちが仏教受容に難色を示すなかで、異次頓《イチャドン》のみが奉仏を唱え、「仏法のために」殉死した。これを契機に仏教が認められ、同年が仏教公伝とされる。

古代三国のなかで新羅がもっとも遅く仏教を取り入れたが、公認以後は護国仏教としての性格を強めながら仏教を広めた。仏教行事の実践、弥勒信仰と結びついた花郎団の組織化などをすすめていく。

七世紀半ば、中国留学から戻った円光は倫理規範として「世俗五戒」を提示し、忠誠心や臨戦不退の決意などを説いた。この五戒は中国の『礼記』と大乗仏教の戒律書『梵網経《ぼんもうきょう》』にもとづくことから、儒教の倫理と仏教の菩薩戒を融合したものといわれる。こうした教えが三国統一の原動力になっただろうことは想像にかたくない。

王族から出家した慈蔵は中国・五台山での修行を終えて帰国するや、韓国ドラマで知られる「善徳女王」の支援のもと、大寺院の皇竜寺に九重塔を建立した。この際、百済から宮大工を招いたという説話は興味ぶかい。さらに通度寺に金剛戒壇を設置するなど、戒律の実践や授戒儀式の整備に尽力した。

六六〇年に百済、六六八年に高句麗をそれぞれ滅ぼして三国統一を実現した新羅は仏教を国教とし、社会の統合に活用した。一般民衆を対象にした布教が活発におこなわれ、仏教の大衆化が進んだ。

中国への留学僧が増えるにつれ、経典の理解を通して悟りを追求する教学仏教がさかんになり、仏教思想家が輩出して多くの業績を残した。

韓国仏教史上、もっとも独創的な思想家とされる元暁《ウォニョ》は諸経論をみずから学んで体系化した。留学の経験がなかったにもかかわらず、中国の『宋高僧伝』に掲載されるほど唐の仏教にも影響を与えたといわれる。ぼう大な著作を残したようだが、惜しいことに著作は一部しか伝わっていないとされる。のちに還俗《げんぞく》（出家者が俗人に戻ること）して多くの人々を教化した。

中国華厳宗の第二祖である智儼《ちごん》に師事した義相《ウイサン》は華厳教学をきわめた。有名な「華厳一乗法界図」は七言三十句を二百十字で表現するとともに、浮石寺や海印寺、華厳寺など華厳十刹《けごんじゅっさつ》を創建する。

若くして入唐し、人生のほとんどを中国ですごした慧超《ヘチョ》はインドにわたり、釈迦などの遺跡をたずねた。彼が残した旅行記『往五天竺国伝』は、玄奘の『大唐西域記』とともに、当時のインドや中央アジアの風俗、地理などを知るうえで貴重な書と評価されている。

九世紀に入ると、地方土豪勢力の台頭とともに、教学中心の中央仏教界と路線を異にする新たな流れがでてくる。修行を重視する「禅宗」である。南宗禅をまなんだ道義《トウィ》らがあいついで帰国するや、各地の山を拠点にして教えを広めた。

経典の理解を通して悟りを追求する理論仏教「教宗《きょうしゅう》」とはことなり、禅宗は実践の修行を通して胸中に内在された悟りを得るもので、やがて教学仏教にかわって禅仏教が主流になっていく。九つの代表的な禅門寺院を「九山禅門《くさんぜんもん》」と呼んだ。

ちなみに、仏教文化の発展にともない、仏教の経典を印刷する印刷技法および製紙術が発達した。仏国寺で発見された「無垢浄光大陀羅尼経《むくじょうこうだいだらにきょう》」は、八世紀初めに木版印刷された経典といわれる。

## ③ 高麗（九三五〜一三九二年）

新羅にかわって建国された高麗は仏教を支援する一方、政治面では儒教を理念とした。初代の王建は「訓要十条」をつくり、仏教を崇拝し、仏教行事を開くよう遺言した。海東仏教史上、仏教儀礼がもっとも盛んな時代であった。

さらに科挙制度にならって「僧科」を設け、僧侶を選抜登用する試験を実施した。寺院に土地を支給し、僧侶には免役の恩恵を与えた。国師・王師制度は高麗独特のもので、高僧を名目上、国王の上にすえながらも、最終任命権を国王が行使することにより仏教教団を王権の下におくものであった。

仏教思想に関する理論体系が整備されつつあるなかで、九九一年、文官の韓彦恭が『北宋勅版大蔵経』（九八三年版）を高麗にもたらした。大蔵経は経・律・論の三蔵を中心に構成され、仏教の経典を集大成したもの。漢訳のほか、梵語・パーリ語の原典、チベット・モンゴル語などの訳本がある。

北方から契丹《きったん》の侵攻があいつぐや、高麗は仏力を借りてこれを退けようと、一〇八七年までに木版『大蔵経』六千余巻を完成させた。これを「初雕《しょちょう》大蔵経」と呼ぶが、惜しいことにモンゴルの侵攻により焼失した。

モンゴルの攻撃を避けるため、高麗は開城から江華島に遷都《せんと》し、ふたたび大蔵経の造成に取り組んだ。一二五一年に完成した『高麗大蔵経』は、版木《はんぎ》が八万枚余にのぼることから「再雕大蔵経」（別称・八万大蔵経）と呼ばれる。誤字・脱字のない正確さと文字の美しさは比類がなく、評価が高い。現在、海印寺（慶尚南道陜川郡）の経蔵に保管されている。日本版『大正新脩大蔵経』の底本にもなった。

この一大事業の実現が仏教国家としての面目をたもつと同時に、仏教典籍の大々的な流通を可能にした。

十二世紀後半、武臣政権の登場という社会変動期にあって、仏教界でも名誉・物欲に走る傾向を戒め、本来の姿勢を主張する結社運動がおこった。禅と華厳（教学）は一致すると悟った知訥《チウル》は八公山（慶尚北道）の居祖庵で定慧《じょうえ》結社を組織し、禅定と智慧をともにおさめるべしと説いた。

その後、門人の増加により拠点を松広山（全羅南道）の吉祥寺に移し、山号と寺名を曹渓山修禅社（現在の松広寺）に改称した。ここに禅教一致の曹渓宗が確立され、今日に至っている。

十三世紀半ばにモンゴルと講和した高麗王は約百年間、自治を認められながらも元の皇室の一員となり、二重的な地位にあった。

その影響でチベット系仏教が流入し、一方で高麗仏教が元に伝わった。韓国ドラマ「奇皇后」で知られるように、元の首都・大都（現在の北京）には高麗の女性が多数存在し、高麗人が運営する寺院は高麗出身の僧侶が住職をつとめたらしい。

## ④ 朝鮮朝（一三九二年〜十九世紀末）

李成桂が建国した朝鮮朝は儒教を国教とし、「崇儒抑仏」政策をかかげたが、一方で数多くの仏事がつづき、民間信仰と結びつきながら庶民の生活のなかに仏教が深く浸透していった。

開城から遷都された漢城（ソウル）内を僧侶が自由に出入りすることを禁じたほか、僧侶の資格証である「度牒《どちょう》」をもたない僧侶の還俗《げんぞく》、王師・国師制度の廃止、一部寺院の閉鎖などが実施された。多くの寺院が山中に移らざるをえなかったが、逆にこのことがながく法灯を照らすことになったといえるかもしれない。

このようななかで崇仏君主も存在した。第七代世祖（在位一四五五〜六八年）は刊経都監を設けて漢訳高麗大蔵経を印刷しただけでなく、ハングルによる仏教書を刊行した。刊経都監の官版とは別途に各地の寺院からも仏書の刊行が許され、高麗時代よりもむしろ出版数が多かったことは、仏教の大衆化とハングルの普及をうながした点で意義深い。海印寺には当時出版された仏書が今も保存されているという。

また、文定王后は子の明宗（第十三代、一五四五〜六七年在位）を補佐しながら、僧侶普雨《ボウ》を登用して教禅両宗を復活させ、僧科の実施や度牒の発給など仏教の復興に努めた。

十六世紀末、豊臣秀吉による朝鮮出兵（文禄慶長の役、壬辰倭乱）が仏教界に大きな転機をもたらした。国難にさいして西山大師《ソサンだいし》は七十歳をこえた高齢でありながら、国王の要請に応じて全国から義僧兵五千人を結集して戦功をあげた。

老齢の西山大師にかわって指揮をとったのが松雲大師《ソンウンだいし》。義僧兵大将としてだけでなく外交面でも活躍し、戦後処理交渉で成果をあげて多数の捕虜を帰国させた。

これを契機に、僧侶が国を守る役目を担うようになり、輪番で南漢山城や北漢山城などの守備につく。仏教に対する認識が変わり、十七世紀後半から十八世紀にかけて、各地で廃墟と化した寺院が再建されるとともに寺院に対する支援も復活し、仏事や法会がおこなわれた。

## ⑤ 日本の植民地支配（一九一〇〜四五年）

十九世紀末から日本仏教の各宗派が先をきそって布教活動を始め、韓国の寺院を自派の末寺にした。一九一〇年の日韓併合により発布された「寺刹《じさつ》（寺院）令」は、三十本山が全国の寺院を末寺とするものだが、人事権は日本の総督府が掌握した。

韓国の僧侶にとって仏教の近代化と大衆化は時代的な課題であったが、戒律と禅の伝統を守ることすら困難であった。それどころか、総督府から「肉食妻帯《にくじきさいたい》」を奨励され、世俗化の道を歩まざるをえない僧侶があいついだ。

## ⑥ 近現代（一九四五年〜）

一九四五年八月、日本による植民地支配から解放されるや、同九月に全国僧侶大会が開かれ、寺刹令と本末寺制度を廃止し、伝統にもとづいた新しい仏教教団の組織化を決議した。しかし独立後の混乱した状況のなかで、さまざまな障害が待ち構えていた。

総督府にかわる米軍政庁は政教分離と宗教の自由をかかげながらも、キリスト教だけを公認宗教に指定し、「寺刹令体制」を維持した。さらに、大韓民国の初代大統領となった李承晩は米国プロテスタント系大学出身者だったことから、同系教団や牧師らを優遇した。そのためキリスト教勢力が飛躍的に伸びていく。

仏教界でも、植民地支配残滓《ざんし》の清算および修行・戒律の伝統回復という観点から仏教浄化運動がおこると、独身の出家修行者・比丘《びく》と妻帯僧との間ですさまじい内紛を繰りひろげた。一九六二年、統合教団として最高裁判所から正式に公認され、大韓仏教曹渓宗が成立する。しかし、政治権力との黒いうわさがでたり、当局に弾圧されるなどの事件があいついだため、一九八一年に教団代表に性徹《ソンチョル》が就任して以降、仏教界は政治的言行をいっさい控えた。八〇年代、韓国社会におこった民主化の波の影響を受け、一九九四年の全国僧侶大会で教団改革が断行され、財政の透明化、教育院や布教院の独立などを通じて人的水準の向上や大衆化を実践する契機となった。

# あとがき

韓国山寺のテンプルステイ（いわゆる宿坊）を初めて利用したのが二〇一五年。それから毎年、季節のよい春と秋にきまって山寺通いを続けた。

当初は韓国の山に登るつもりだったが、山寺の魅力にひきこまれていく。それまで宗教とはまったく縁がなかったにもかかわらず、「仏教とは何か」と興味を抱くようになったのは、自分でも意外なめぐり合わせとしか言いようがない。

思いおこせば、「仏教は宗教というよりはむしろ、自分らしく生きていく自己実現の道を探求する教え」という言葉に強くひかれたからだったような気がする。

開創千数百年の古刹《こさつ》は国立公園の名山に位置することが多く、朝夕の礼拝に参加したあと、ひとけの少ない静寂な境内のなかで過ごす時間は何にもかえがたい貴重な体験であった。

また、地方の都市を結ぶ高速バスに乗りながら全土をめぐり、人々や文化にも接することができた。本書では、各寺院はもちろん、山や地域の特色にもわずかながら紙面を割いている。

体験記は、「韓国テンプルステイめぐり」と題して二〇一七年、「民団新聞」に一部掲載された。翌二〇一八年に「韓国伝統山寺」（七カ寺）がユネスコの世界文化遺産に登録されたのを知り、世界遺産を中心に韓国の山寺を紹介できればと願うようになった。

ところが、コロナウィルスの感染が世界的に広がり、約三年間、海外渡航が難しくなる。この期間を利用して日本の寺院や大学などで仏教そのものについて学ぶことができたのは、かえって自身にとっていい機会だったかもしれない。

日本と韓国の仏教に違いはあっても、千年を超すながい歳月を経ながら生活のなかにしっかり根づいている点は同じ状況にあるといえよう。

「悟りとはなにか」といった難しい議論はさておいて、テンプルステイめぐりを重ねるうちに、「清掃は己の心を磨く」「合掌しながら感謝する」といった初歩的な心もちを素直にあらわすようになった気がする。

読者にも機会があれば、おだやかな自然に囲まれた韓国の山寺を散策してみることをおすすめしたい。一般的な観光旅行とはひと味ちがう体験ができるでしょう。そして、自分自身を見つめる機会にも…。

最後に、むずかしい仏教用語の監修を引き受けていただいた佐藤厚先生（東洋大学東洋研究所客員研究員）、本書の刊行をご快諾いただいた社会評論社の松田健二社長、編集を担当された板垣誠一郎さんに深く感謝の意を表します。ありがとうございました。

宋 寛

# 索　引

読者の便宜をはかるため、「注」を五十音順に配列。

## さ

## 主な参考文献

『朝鮮仏教史』　鎌田茂雄　東京大学出版会　一九八七年
『すべてを捨てて去る』　法頂　訳・河野進　麗沢大学出版会　二〇〇三年
『韓国の高校歴史教科書　高等学校国定国史』　訳・三橋広夫　明石書店　二〇〇六年
『生きとし生けるものに幸あれ』　法頂　訳・河野進　麗択大学出版会　二〇〇七年
『中村元の仏教入門』　中村元　春秋社　二〇一四年
『お坊さんも学ぶ仏教学の基礎』①②　大正大学仏教学科編　大正大学出版会　二〇一五年
『韓国仏像史』　水野さや　名古屋大学出版会　二〇一六年
『韓国仏教史』　金龍泰　監訳・蓑輪顕量　訳・佐藤厚　春秋社　二〇一七年
『仏教の歴史2　東アジア』　末木文美士編　山川出版社　二〇一八年
『寂聴 般若心経 生きるとは』　瀬戸内寂聴　中央公論新社　二〇二一年

著者紹介

**宋 寛**（そう かん）

1947年宮城県仙台市生まれ。仙台市立東二番丁小、五橋中、県立仙台三高、国立東北大学農学部卒。民団新聞、東洋経済日報、統一日報の韓国系週刊新聞社で編集作業に従事。翻訳書に『韓国文化のルーツ』（サイマル出版）。高校まで砺山《とやま》寛を名乗る。

---


**世界遺産　韓国の山寺**

**テンプルステイで知る日本仏教との違い**

2024年1月26日初版第1刷発行

著／宋 寛

発行者／松田健二

発行所／株式会社　社会評論社

〒113-0033　東京都文京区本郷2-3-10　お茶の水ビル

電話　03（3814）3861　FAX　03（3818）2808

印刷製本／倉敷印刷株式会社

感想・ご意見お寄せ下さい　book@shahyo.com